ヒューマンライツ

人権をめぐる旅へ

香山リカ【対談集】

ころから

人権をめぐる旅へ

２０１５年8月26日、東京・霞ケ関の弁護士会館で「安全保障関連法案に反対する学者の会」と「日弁連（日本弁護士連合会）」の共同記者会見が行われた。

その会場の片すみに座っていた私にとって、最も印象的だったのは産経新聞記者と村越進・日弁連会長との次のようなやり取りだった。記憶の糸をたぐりながら思い出してみよう。

記者「賛否両論の分かれる政治問題について特定の政治意見を述べることに、強制加入団体である日弁連がかかわるのはどうなんですか?」

村越会長「政治的活動として行っているのではない。人権擁護を使命とする法律家として行っている」

私は、村越会長のこの発言をその後、安全保障関連法に反対する国会前のスピーチや原稿で何度も引用した。日本国憲法はとりもなおさず、「国民の人権を守るために国家権力を縛る」ために存在している。だとするといま日本で起きている立憲主義の破壊は、とりもなおさず、国民の人権を侵害する暴挙でもあるということになる。「そうか、戦争も結局は人権問題ということになるのだ」と、私は深く納得したからである。

この夏、国会前など全国でデモや抗議行動がさかんになる前から、私は「人権」という問題を考えたくて、それぞれの現場の最前線で取り組んでいる人たちと対話を重ねていた。そのうち、安全保障関連法いわゆる戦争法の問題に人々やマスコミの注目が集まり、正直に告白すると「いま『人権』なんて言ってもあまり関心を持ってもらえないかな」とも思った。しかし、村越会長と新聞記者の先の問答を聞き、自分なりにいろいろ考えるうちに、「民主主義、立憲主義を考えるためにも『人権』の問題を見つめ、学び直さなければ」と強く思うようになっていったのである。

冒頭で紹介した「学者の会」は日本を代表するような憲法論や政治学、哲学などのすご腕の研究者の集まり、叡智の集合体だ。彼らの発言や書いたものからも「人権とは何か」について多くを学ぶことができる。

ただ、私はやっぱり「現場で何が起きているか」を知りたい。「差別はなぜいけないか。差別の歴史はどうなっているか。オーケー、それはこれらの本を読めばよくわかる。でも、実際には差別はあるよね。だとしたらそれをどうやってその場で止めればいいわけ？　差別されて傷ついている人に、どうやって声をかければいいわけ？」という問題が気になるのだ。きっと多くの人たちもそうではないか、と思う。

私が本書で対話したのは、徹底的に〝現場〟にこだわり、基本的には自分の名前を声高に主張することもなく、「当事者のひとり」としてあるときはカウンターとして抗議し、あるときは相談員として弱い立場の人に寄り添っている人たちだ。どの人たちの言葉も、あたたかくそして重いものであった。みんな文字通り、〝からだを張っている〟。

職業柄、つい「あなた自身のストレスはどうなってるんですか」などと対話のあとに尋ねたこともあったが、誰もが笑顔で「いえ、私は大丈夫です」と言っていた。本当は自分も傷ついたり社会や差別主義者への怒りで押しつぶされそうになったりしているはずなのに、「私は平気。それよりもこの人たちが」と常にその視線は弱い立場の人に向かっているのだ。私は本のために対話しているという立場も忘れ、「どうしてこの人はこんなにしなやかな心を持っているのだろう」「私にはこれほどのことはできるだろうか」と自分に問いかけ、ときには沈黙して考え込んでしまったほどだ。

こうして、「人権をめぐる旅」は、いつのまにか「私をさがす旅」になった。そういういきさつもあり、読者の中には「このテーマについてもっと基本的なことを知りたい」「世界の状況も聞かせてほしかった」など消化不良を感じる人もいるかもしれない。そういう人はぜひ、対話の中であげられている文献やそれぞれが書いている著作、論文などにも目を通して学びを深め、今度は独自の「人権を考える旅」をしてもらいたいと思う。

彼らの何人かには、２０１５年夏の国会前でも出会った。声をあげコールをしている人もいれば、参加者の交通整理をしている人もいた。また、デモには参加せず、それぞれの現場で淡々と自分の仕事を続けた人もいた。それぞれがここでも自分なりに「人権」と真正面から取り組み、闘いを続けているんだ、と思った。

私は、医師として医療の現場で心病む人の治療にあたっている。彼らは健康を害した人たちであるが、同時に病を得たために仕事ができなくなったり地域での生活に困難を来したりとその人権もおおいに損なわれている人たちだ。それに加えて、格差社会の波が彼らに押し寄せ、同時に戦争の不安やいわゆる〝経済的徴兵〟の心配も心をよぎるようになったという人もいる。

「こんなことになるなら、生まれてこなければよかったな」と、これ以上ないほど悲しいことを口にするうつ病の人を見たとき、私は、「精神科医の仕事もそれぞれの『人権』を守る仕事にほかならないのだ」と気づいた。

人として生まれたからには、なるべく幸せになりたい。心おきなく、自分らしさを発揮する生き方がしたい。

こんなあたりまえの願望がかなえられない世の中に、本書に登場する7人の〝心やさしい闘士たち〟は果敢に挑み続けている。彼らと会い、対話し、「生きるってなに?」と問い直し続けた私の小さな旅に、ぜひあなたもおつき合いください。

香山リカ

目次

人権をめぐる旅へ

香山リカ

3

12

【アイヌ民族否定問題】×マーク・ウィンチェスター

私は北海道生まれですが、実はずっと、アイヌの人たちについて表面的なことしか知らなかったんです。独自の言語や文化を持っていてすごいなと。──香山リカ

30

【マイノリティと反ヘイト】×青木陽子

差別されるとき、私が思っていたのは「マジョリティがもっと声を上げてくれよ」ということ。でも、カウンターでは初めて、マジョリティの立場から行動できると思ったのです。──青木陽子

50

【部落解放からの反差別】×小林健治

お笑いタレントの母親の生活保護バッシングも同じ構図。しかも言論人や政治家までが、妬みをもったネットでの匿名のつぶやきにお墨付きを与えてしまっている。──香山リカ

【ジェノサイドの残響】×加藤直樹　68

差別に加担するような本を出版するからには、社会への影響力を自覚してほしい。ところで、「韓国の書店に〝反日〟本はほとんどない」というのは本当ですか？　――香山リカ

【水俣病患者支援】×永野三智　88

チッソ製品の恩恵を受けた人を当事者だとすると、日本人全員が当事者。だから私たち誰もが遠慮せず、当事者として声を上げていくことが大事なんです。――永野三智

【いじめとレイシズム】×渡辺雅之　110

〝もう一つの物語〟を子どもたちと読み開いて、新しい視点を見つけていくことが「学び」であり、それを通してこそ市民的道徳が実を結んでいくと思うんです。――渡辺雅之

【世界の人権状況】×土井香苗　128
「国際法？　知るか」みたいなね（笑）。それは日本だけじゃないです。だけど、なぜ今のような国際法ができたのかをぜひ知ってほしいですね。——土井香苗

「人権をめぐる旅」のブック&サイトガイド　146

対談◎1【アイヌ民族否定問題】

私は北海道生まれですが、実はずっと、アイヌの人たちについて表面的なことしか知らなかったんです。独自の言語や文化を持っていてすごいなと。

——香山リカ

マーク・ウィンチェスター

差別を煽るヘイトスピーチが街角やインターネットで公然と飛び交うようになった今の日本。その矛先は先住民のアイヌ民族にも向かいました。いち早く事の重大さを察知し、有名無名の発言者たちに論争を挑んできた香山さんが、イギリス出身のアイヌ研究者ウィンチェスターさんとともにアイヌ差別の源流をたどる。

マーク・ウィンチェスター｜Mark Winchester
1979年イギリス生まれ。シェフィールド大学などでアイヌ史を学ぶ。一橋大学大学院博士課程を修了。神田外語大学日本研究所専任講師。専門はアイヌ近現代思想史、レイシズム。編著書に『アイヌ民族否定論に抗する』（河出書房新社）がある。C.R.A.C. NORTHメンバー。

香山　最近アイヌ民族をめぐる問題がクローズアップされています。2014年8月、金子快之札幌市議（当時）が「アイヌ民族なんて、いまはもういない」【※1】とツイッターに書き込んだのが発端です。

ウィンチェスター　はい、彼は続けて「せいぜいアイヌ系日本人が良いところですが、利権を行使しまくっているこの不合理」などと書いてます。報道されて批判を浴びたのですが撤回せず、彼がツイートするたびにネット右翼が反応してアイヌ差別を煽るような発言が次々と出てきました。

香山　続いて同じ北海道の小野寺秀道議（当時）が同年11月に「アイヌは先住民族かどうか非常に疑念がある」と道議会で発言しました。その3日前には「日本侵略を許さない国民の会」による、いわゆるヘイトスピーチデモが銀座で行われて、初めてアイヌ問題を取り上げました。デモ隊が「アイヌのねつ造」と叫んでいたのは、いったい何のことだったんですか？

ウィンチェスター　アイヌが差別されているというのがねつ造だと主張しているのです。「私たちが差別しましたか？　してないぞー」と。「日本人の税金にたかる自称アイヌを許さないぞー」とも叫んでいました。

香山　差別してないのなら結構なことなんだけど（苦笑）。私の知人で配偶者がアイヌという方がいますが、好奇の目で見られたり差別されるから周りに隠して生きているそうです。なにしろ今ネットでのヘイトスピーチはひどくて、アイヌを名乗る人に対して「税金泥棒」「帰れ」とののしる人もいます。この日本列島に先に住んでいたのはアイヌの方なのに……。

アイヌ利権という偏見

香山　私は北海道生まれですが、実はずっと、アイヌの人たちについて表面的なことしか知らなかったんです。先住民族で、独自の言語や文化を持っていて、すごいなと無邪気に思っていた。だから金子市議の発言が報道された時も、「アイヌは、もういない」だなんて、おかしなこと言ってるなあ、袋だたきにあって終わるだろう、と楽観的に見ていたんですが、どうもそうじゃない。彼のツイッターではフォロワーたちからの肯定的な返信が多くて驚きました。

ウィンチェスター　そうですね。アイヌ自身や良心的なユーザーが否定するコメントを書くと今度はその人たちが標的になりバッシングされる状況でした。

香山　私も2人の議員にツイッターで反論しましたが、彼らの主張の根拠をたずねても学術的な論文などによる説明は一切ない。そして私に議員らのフォロワーから山のように批判が来るんです。

ほら例えば（と、スマートフォンを取り出して）今、私のツイッターを見ると「途絶えたと言われるアイヌ民族、わざわざ香山氏がくってかかる不思議さ」と書かれてる。この人たちはいったいアイヌの何が嫌いなんですか？

ウィンチェスター　たぶん、自分たちの権利自体が奪われているという、一種の転倒した被害者意識みたいなものがあるのではないかと。

香山　生活保護バッシングと同様ですね。その時々で矛先を在日韓国人に向けたりアイヌに向けたりする。自分たちはこんなに毎日必死にやっていても支援金はもらえないのに、マイノリティ

というただそれだけのことでお金をもらったり手厚く保護されてる、というような被害者意識や妬みですかね。

ウィンチェスター 小野寺道議は以前から税金問題を追及しているんですが、アイヌの政策に税金が使われているのには理由があるんです。北海道と市町村は1972年から北海道アイヌの生活実態調査を行ってきましたが、市町村全体の中での経済格差が依然としてある【※2】ことが、進学率や生活保護受給者数から読み取れるのです。

そもそもアイヌと和人（日本国の多数派民族のこと）との生活格差は、近代の開拓政策に遡ります。狩猟規制などによって、アイヌの生活様式の全面的な変更が余儀なくされたのはご存じでしょう？　それに加えて、北海道旧土人保護法などは、資本経済に投げ出されたアイヌに対する新たな抑圧と排除へとつながっていったわけです。歴史的に作り出された貧困は現在に引き継がれています。これを理解していないと不満を覚えてしまうでしょう。

香山 アイヌのための政策といっても、アイヌ語教室とか、低所得で住宅ローンを借りられない人のために割と有利な条件で住宅ローンの貸付けがあるとか、その程度なのに「利権を行使しまくっている」とは。日本の近代化の過程でアイヌの権利が著しく制約されてきた歴史的経緯も理解してないんですね。

民族否定論の危うさ

香山　2人の議員は、アイヌの人が利権欲しさに民族をかたっているという偏見からアイヌ民族を否定しているのではないかと思いますが、否定のいったい根拠は何なんでしょう？

ウィンチェスター　彼らの論調はマンガ家の小林よしのり氏が2008年に雑誌「わしズム」のアイヌ特集で描いた内容と同じです。アイヌ民族は既に日本人に同化しているとか、北海道ウタリ協会（現・北海道アイヌ協会）に対する批判です。小林氏は、文化人類学者の河野本道氏（故人）から聞いた話をベースにしています。河野氏はもともとウタリ協会でアイヌ史編さんに関わっていた人物ですが、途中で転向し、90年代からは「アイヌは多様な部族的集団に分かれ、一度も民族になったことはない」とまで書いています。

香山　でも当時、その手の主張は社会的に大きな注目を集めなかったですよね？　私もまったく知りませんでした。

ウィンチェスター　知られるようになったのは小林よしのり氏が取り上げてからです。現在は和人との「混血」が進み外見も生活様式も区別がつかないし、ほとんどがアイヌ語を話せないのに、なぜアイヌ民族と主張するのかと。彼は、民族を自覚する上で重要なのは、先ほど言った歴史があり、それゆえの「帰属意識」だということを理解していない。でも当時アイヌ研究者たちは、マンガということもあってきちんと反論せずにいたんだと思います。
香山　私もずっと小林氏のマンガはウォッチしてたつもりでしたけど、琉球民族とかアイヌとかを取り上げた時も、今度はこっちに目をつけたんだ、ぐらいに思って、それが大きな社会的うねりになるとは思ってなかったんですよね。
ウィンチェスター　それよりずっと以前の１９８４年に、当時の北海道ウタリ協会がいわゆるアイヌ新法の制定運動を始めてから、批判的な言論は結構出ていたんですが。
香山　そのころは北海道ではアイヌの人たちに対して明治時代から続く旧土人保護法がまだ適用されてきたんですよね。そこで自分たちの手でアイヌ新法をつくろうとしていたウタリ協会に批判が出たわけですか？
ウィンチェスター　はい、その当時は旧土人保護法はほとんど死文化していたんですけど偏見に満ちた法律でしたから、アイヌの人権、尊厳を法律で認めることを求めて協会が運動し、１９９７年にアイヌ文化振興法ができました【※3】。そのようにアイヌが主体的に動くことに反発する人たちがいるのです。河野氏は、民族性を強調して特権を得ようとする「ニュー・アイヌ」と、民族性を強調せず一般国民として生きる「ポスト・アイヌ」の2タイプがいる、という乱暴な論説まで打ち立てたんです。
香山　かなり無理ですね。そもそもアイヌが先住民族だというのは国内外で認められているんですよね。

ウィンチェスター　もちろん。ＩＬＯ（国際労働機関）で採択された先住民族の基準というのがありますが、アイヌは全て当てはまり、国連本部で１９９２年に開かれた国際先住民年の開幕式典でもアイヌ代表がスピーチをしています。そして国連の先住民族権利宣言が２００７年に制定され、翌年には国会でアイヌ民族を先住民族とすることを求める決議が採択されました【※4】。小林よしのり氏がアイヌを特集したのはその年ですから、政治的反動であると言えますね。

香山　ネット上でアイヌ批判が広がってきたのは金子市議のツイッター以降の話ですか？

ウィンチェスター　そうです。これまでと全然規模が違うんですよね。ネット上で何度も見たやりとりですが、アイヌ民族はいないという意見に「います。私はアイヌです」と返信があると、すぐ「じゃあ民族の定義は？」とくる。学術的に客観的に定義することは簡単ではない上、「民族」を日常の営みから永遠にかけ離れた存在にしてしまいます。彼らは当事者と思われる相手を黙らせるために論争をふっかけて、「お前は自称アイヌだ」と決め付けるわけです。

――小林よしのり氏は民族への帰属意識を軸とするアイヌの定義を疑問視し、「自分がアイヌと言ったらアイヌ（と認められる）なら、わしもアイヌということになってしまう」と語っています。

ウィンチェスター　それはでたらめな論理【※5】。和人とアイヌはそもそも出発点が違っています。

アイヌは最初から子孫だと知っていた人もいれば、戸籍を遡って先祖にアイヌの名前や土人という記載を見つけた人もいる。いずれも和人とは異なる歴史が自分たちにつながっているという自覚からスタートしているのです。その自覚から生まれるアイヌ民族への帰属意識というのは、和人が簡単に取って付けられるようなものではありません。小林氏は果たしてかれらの心情を知った時に「わしもアイヌ」などと言えるのでしょうか。

もちろん自覚した後に帰属意識を持つ人だけではなく、自分たちをアイヌ民族と呼ぶのを好まない人もいるし、和人として生きるという選択をする人もいます。ただ、それは単純に「アイヌ民族ではない」「アイヌではない」とイコールではありません。周囲から「本人は違うと言っているが本当はアイヌだ」と定義づけをされる可能性もある。このように人は学術的な論争いかんによって、民族としてのアイデンティティを放棄することなんてできないでしょう。相

手が放棄できない民族性を否定することは、紛れもないレイシズムなのです。

香山　ネットでバッシングする人たちは、ＤＮＡを調べたのか？　なりすましじゃないか？　と当事者を堂々と非難しているんですよ。ひどすぎる。本当に次元が違ってきたという気がします。大げさと言われるかもしれないけど、ＤＮＡを調べろというのはナチスの民族浄化政策の基本となった優生思想の第一歩じゃないですか。それをついに日本で言い出す人が現れた、ということへの恐怖を感じますね。このように日本で少数民族に対するバッシングが起きている事態は、世界的に見てどうでしょうか。

ウィンチェスター　実は他国でも先住民族に対して同じような動きはあるんです。例えばオーストラリアでは、アボリジニが福祉を過剰に受けているとの非難も出ていますし、アメリカでも、ネイティブ・アメリカンたちが民族性を主張するのは金のためじゃないかという本が話題になりました。

香山　なるほど、どこの国でも同じような反応が出てくるんですね……いつもネットでやりとりして思うのは「差別はいけないことでしょ」という単純なことが何で伝わらないんだろうということ。その素朴な一言を伝えたいだけなのに、証拠を出せとか数字を出せとか言われ、いろんな文献集めて予備知識を蓄えないといけない。しかも納得してもらえないのでとても疲れます。それでも発言していくことが必要なんですよね。

ウィンチェスター　それと、あらゆるカウンター（対抗行動）を仕掛けることでしょうね。今回、札幌の人たちが、金子市議への辞職勧告を求める署名活動をして1万5千人もの署名を提出できたことが勧告につながった。市民の運動があっての辞職勧告だったのはすごく大きい。一つのモデルになるのかなと。

香山　そうですね。それとこの問題は新聞やテレビであまり報じられていないので、何でアイヌが問題視されてるの？　と不思議に感じている人も多いのではないでしょうか。実際に私もちょっと前まで知らなかったわけですし。まずは現状を知ってもらい、差別は根絶させるべきという認識を世間に広めることも大事なんじゃないかな。マークさんにも、もっともっとがんばってもらわなくちゃ。

【脚注】

※1　2014年8月11日に金子快之札幌市議（2015年4月の統一地方選で落選）が「アイヌ民族なんて、いまはもういないんですよね。せいぜいアイヌ系日本人が良いところですが、利権を行使しまくっているこの不合理。納税者に説明できません」と、ツイッターに書き込んだ。菅官房長官が遺憾の意を表明。金子市議は自民党会派から除名され、9月には市議会で議員辞職勧告決議案が可決されたが、辞職も発言撤回も拒否。
その3カ月後の11月11日には北海道議会で小野寺秀道議（2015年4月に引退）がアイヌ政策に関する質問の中で「アイヌは先住民族かどうか非常に疑念がある。これがグレーのまま政策が進んでいるという

のは私は非常に危機感を持っている」などと発言した。

※2　北海道と道内市町村は1972年から2013年まで計7回にわたり、アイヌの人たちの生活実態調査を実施している。2013年調査では、生活保護率は4・4%と、居住する市町村全体の平均の約1・4倍。大学進学率は平均より17・2ポイント低い25・8%と、依然格差があることが分かった。

※3　明治中期の1899年にできた北海道旧土人保護法は、日本政府により生活基盤を奪われたアイヌ民族の「保護」を名目に、土地の給付、農耕の奨励、教育の普及などを制定。「多くの土地は農耕不可能で相続以外の譲渡も禁止されるなど、アイヌに対する抑圧と排除がその本質的機能でした」（ウィンチェスターさん）。北海道ウタリ協会は1984年、アイヌの人権を保障する「アイヌ民族に関する法律（案）」制定を求めて運動を開始。1997年に民族の誇りを尊重する社会の実現を目指す「アイヌ文化振興法」が公布され、旧土人保護法は廃止された。

※4　日本政府は2007年に国連総会で採択された「先住民族の権利に関する国際連合宣言」に賛成した。翌2008年には衆参両院で、「アイヌ民族を先住民族とすることを求める決議を全会一致で採択。これを受け町村信孝官房長官（当時）が「アイヌ民族は先住民族」との政府の認識を示す談話を発表した。

※5　先住民族の政策を展開するために必要だとして1989年に国際労働機関（ILO）が採択した第169号条約（日本は未批准）の第1条では、先住民族の基準を次のように規定している。
①社会において多数者の集団から区別され、その多数者によって差別的な制度で取り扱いを受けてきたこと。

②征服、植民地化、国境画定などによって一方的に国家に統合されたが、自ら固有な価値や伝統を明示的に保有していること。
③固有の文化や歴史を持ち、さらに不当に支配されてきた集団だという自己認識を持っていること。
ウィンチェスターさんは、アイヌ民族は3項目にいずれも当てはまるとして以下の根拠を挙げている。
①については北海道旧土人保護法の歴史がある。
②は1869年に明治政府が蝦夷地を「北海道」と改称、1875年の樺太・千島交換条約で日本とロシア帝国の国境が画定したことなどにより、それらの地域に暮らしていたアイヌが一方的に日本に帰属させられたこと。
③は北海道ウタリ協会が新しい法律の制定運動を起こしたことが当てはまる。

この対談は、『クロワッサン』（2015年2月10日号）掲載の「お茶の時間」に加筆・修正しました。

対談を終えて

2015年4月の札幌市議選では、得票を半減させた金子快之氏をはじめとし、行動する保守を母体とする諸派2名、自民党の川田ただひさと、アイヌ民族否定論を公言する候補者が次々と落選した。同時期の北海道議会選挙に、小野寺秀道議は出馬せず、後継候補者は落選した。対談で言及した河野本道氏は選挙を待たずして3月に死去した。しかし、アイヌの社会的地位を貶《おとし》める政治的なネガティブ・キャンペーンに関わってきた人たちが以前あった勢いを失ったことに喜ぶのはまだ早い。

何より日本文教出版の歴史教科書の旧土人保護法をめぐる記述が、北海道の

入植植民地化の歴史を触れずに「アイヌの人々の土地を取り上げて」から「アイヌの人々に土地をあたえて」と改訂されたニュースが流れたからだ。国連宣言と国会決議に対する政治的反動であるアイヌ民族否定論の台頭は、ヘイトスピーチを伴う社会的マイノリティに対する新自由主義的なバックラッシュとぴったり重なる。歴史がうみ出したマイノリティとマジョリティの構造的非対称性は無視され、マイノリティ個々人は自らのニーズを満たしていく能力でマジョリティによって評価される新たなプレッシャーを受けるようになった。

また、金子氏の発言に賛同した小林よしのり氏に対して、私は公開質問状を発表した★。小林よしのり氏は「わざわざアイヌ民族と言わないで、『アイヌ系の人間です』って言えばいいんじゃない」と言うが、これは自分とは異なる歴史をもつ人たちを否認する言い方であり、国民間の平等への希求に基づくマイノリティの「特権」の否定というネトウヨ言説と裏表にある。異なる歴史経験に基づき、そして今も続く構造的不平等が社会全

体に認められたときにこそ、ヒューマン・ライツの真の普遍性は成立すると思う。

★http://cracjpncs.tumblr.com/post/123451539199/crac-north-小林よしのり氏への公開質問状

マーク・ウィンチェスター

香山リカ

マークさんからは、この対談だけではなく、いろいろな機会に本当にたくさんことを教えられた。

それは大きく分けると、次のふたつとなる。マイノリティを激しく侮蔑、排除したり彼らに関するデマを拡散したりする差別主義者に対して、いかなる態度で臨むべきかということ。ヘイトスピーチデモへのカウンター活動に積極的に参加し、ネット上でも彼らに果敢に立ち向かっているマークさんは、いつもいっさい妥協の姿勢を見せることがない。ときには激しい言葉や表情で、これまで虐げられてきた人たちをさらに叩きのめそうとするレイシストたちを、容赦なく批判し発言の撤回を迫る。「彼らにも言い分があるはずだ」とか「ヘイトデモが暴力的ならこちらは知性的に立ち向かおう」といった引いた姿勢は、彼らの言い分を容認し、ときには加担することにもつながる。このことを私は、マークさんの揺るぎない態度を通して知ったのだ。

それから、もうひとつ。私は大学に勤める教員でもあるのだが、大学人として社会問題にどう向き合うか、ということもマークさんから教えられた。多くの大学人は、自らは安全地帯にとどまったまま、ヘイトデモや世の中の右傾化を批判してきた。しかし、それでは実際の被害を受けている人を守ることはできない。私は、マークさんに大学内で会ったことは一度しかない。あとはいろいろなデモの現場、「イスラム国」の捕虜になり命を奪われたふたりの日本人の追悼の場など、すべて〝路上での出会い〟だ。ただ、そのマークさんが優秀な研究者でもあることは、今回の対談を通しても十分に確認することができる。

ずっと年下。男性。イギリス人。サーフィンとビール大好き（笑）。いろいろな属性が私とは異なるマークさんから、こんなにいろいろなことを教えられるなんて。人生って本当に予想外のできごとの連続だ、とある種の感慨さえ抱いている私だ。次はどこの路上で出会うことになるのだろう。

対談◎2【マイノリティと反ヘイト】

差別されるとき、私が思っていたのは「マジョリティがもっと声を上げてくれよ」ということ。でも、カウンターでは初めて、マジョリティの立場から行動できると思ったのです。

――青木陽子

大学院でフェミニズムやセクシャリティを研究し、反ヘイトのカウンターとしても活動する青木さん。マイノリティの視点で見つめてきた運動を分析してもらいます。

青木陽子―あおき・ようこ
1977年北海道生まれ。一橋大学社会学研究科博士課程所属。専門はジェンダー・セクシュアリティ・社会保障。論考に「札幌におけるカウンター行動と金子市議への議員辞職勧告決議を求める署名活動」『アイヌ民族否定論に抗する』（河出書房新社）がある。C．R．A．C．NORTHメンバー。

香山　私と青木さんは、初めて会ってからまだ3、4カ月ですよね。マーク・ウィンチェスターさんとの対談（前章参照）でも触れた2014年8月のアイヌ民族を否定する札幌の金子快之市議（当時）の発言がきっかけで、最初はツイッター上でやりとりをしていて。

青木　私がメンバーになっているC．R．A．C．NORTH（北海道）に連絡をいただいて、私が東京在住なので会うことになったんですよね。

香山　その後アイヌ研究をされているマークさんと私と青木さんの3人で、「のりこえねっとTV【※1】にアイヌ差別のテーマで出演した（注　2015年1月5日放送「アイヌ・ヘイトを撃つ」）こともあって、短期間に一気に親しくなったんですが、知らないことも多くて。今更なんですけど、青木さんはいつからカウンター活動をやってるんですか？

青木　2013年3月の在特会らの新大久保デモの時からですね。ヘイトスピーチデモに向けて抗議するプラカード隊が3回目の募集をかけた時です。

香山　その前から反レイシズム運動に参加していたんですか?

青木　反原発運動の官邸前抗議がすごく盛り上がってたので、そちらには足しげく通っていました。そこに一緒に行っていた友達から、「ヘイトデモが行われている新大久保にも絶対行ったほうがいい」と言われて、とりあえず行ってみたのが最初です。

香山　在特会のヘイトデモを見てどうでしたか。

青木　キミドリというヒップホップユニットの「自己嫌悪」という曲があります。私が聴いたのは、やけのはらというラッパーがカバーしたバージョンで「社会派なんてクソ食らえ!　社会の前に我に返れ!　同じ空のもと共に生きて、いろんな考えあるけれど」という歌詞があるのですが、まさにその感覚。他の多くの人びとと同じように、私もヘイトデモに対峙することで、社会の前に我に返った一人だったわけです。また、まるで自分の鏡を見ているような感覚を持ちました。彼らは私と同じ時代を歩み、その時代から生み出された人たちであると。

香山　どういうことですか、それは?

青木　一つは、従来の企業社会秩序が壊れつつある中で、企業社会で生き残るにせよそこから脱落するにせよ、人生の選択を迫られてきたということです。行動する保守活動家の中心は、大卒のホワイトカラー層なのですが、周辺には、非正規労働者や対人関係の苦手な人が一定数います。

ある研究によるとネット右翼の平均年齢は38歳で、男性が多い。活動家層と周辺参加者、ネット右翼は、重なり合いながら少しずつずれて存在していると考えられます【※2】。私は就職氷河期世代なんですけど、みんなが大学を出て就職していく時に、自分はその流れに乗るのは「ちょっと無理」っていう感じが強くて。

香山 へえー。それは例えばビジネスマンになって「いや、どうもどうも」みたいに調子よくはなれないという感じかしらね。

青木 そうですね。両親が身体障害者で自分はバイセクシャル（両性愛者）というのもあり、ずっと社会から疎外されている、自分はマイノリティだという感覚がありました。

香山 じゃあ「自分はなんであっち側に行かなかったんだろう」と考えましたか？

青木 それよりは「あの人たちを自分が止めなきゃ」というある種の責任感ですね。

香山 私なんか逆に、ああいうヘイトデモを見てると、自分とは何の接点もない人たちだとしか思えないけど、それは世代の違いかな？　ほかのカウンターの人たちだって、レイシストとは対話不能という姿勢じゃないですか。

青木 でも初めの頃は、結構しゃべってましたよね。その3月の時点では、みんなデモの後、レイシストを居酒屋に呼び出して飲んだりとか。

香山 えーっ衝撃的！　それは分かり合おうとして？

青木　説得というか、説教すればどうにかなるんじゃないかって。私は行っていませんが。でもその働き掛けがうまくいかなかったという経験が積み重なって「あいつらとは対話は無理だ」となっていったんだと思います。

香山　そこではどんな話をしたんでしょうね。ストレートに「どうしてそんなことするんだ」とか言ったのかしら。それとも懐柔作戦で接点を探すために「大相撲見てる？」とか（笑）。

——男組の山口祐二郎さん【※3】によると、とにかく「ヘイトスピーチをやめろ」って言い続けたそうです。

香山　そうなんだ。でも効果はなかったってことですよね。

カウンター行動とセクシャリティ

香山　これまで2年間くらいカウンターに関わって、発見というか何か変わったこととかありますか？

青木　プラカ隊のおすすめのプラカードの文言が「仲良くしようぜ」だったので、最初、相当参加を迷いました。呼びかけた人たちが女性やセクシャル・マイノリティ【※4】の問題には理解がないひとたちであろうと想像して。のちに、必ずしもそうではないことが判明するのですが、自分がその抗議行動のなかでセクハラやジェンダー【※5】ハラスメント、自分のアイデンティティにたいしてヘイトスピーチをうけるかもしれないと想像しました。それでもなおかつ抗議の主旨に賛同し、参加するかどうか、自分の心と相談しました。

香山 その言葉がなぜ問題だと?

青木 「しようぜ」というのはいわゆる〃男言葉〃で、そのようなジェンダーニュートラルではない表現は、女性やセクシャル・マイノリティを警戒させやすいと思います。これまでジェンダーセンシティヴじゃないひとたちに傷つけられてきたから。明示的に排除はされてない。だけど居心地は悪いですよね。

香山 フェミニズムを学んできた青木さんからすれば抵抗があったんですね。

青木 そうですね。他にもカウンターがレイシストに中指を立てたり、「死ね」というのが良くないという批判がフェミニストからありました。カウンターをしつつ、どう評価をすべきか悩んでるうちに思い出したことがありました。

香山 というと?

青木 私は女性のための護身術、フェミニスト・セルフディフェンスというのを教わったことがあって。例えば男から襲われたときに、逃げるために相手の鎖骨を折る方法を習うんですよ。なぜ鎖骨かというと回復可能だから。

香山 目ん玉をくりぬいちゃだめなんだ。

青木　性暴力は友人や家族、恋人など身近なひとから受けることが多いので、ダメージをあらかじめ想像できないことが女性の抵抗の手を縛ってしまわないように、知識をが必要なのです。女性のための護身術から、暴力といってもグラデーションがあり、状況によって意味が異なることを学びました。カウンターが大声で怒鳴るのは、ドメスティック・バイオレンス【※6】の指標からは暴力の範疇ですが、レイシストをとめるために、カウンター側の暴言は適量だと判断したんです。もちろんできるならば非暴力がいいですし、すべての暴力をなし崩し的に認めるというわけではありません。つねにその緊張関係を意識しておきたいと思います。

香山　傷つくことを言われた経験や出来事は実際にあったんですか？

青木　私自身はありませんでしたね。メンバーシップのない路上集合、路上解散の抗議という性質から、誰か問題を起こしたとしても排除はほぼ不可能ですが、カウンター内での自浄作用も見

られました。特に関東の反レイシズム運動の特徴の一つは、マジョリティである日本人男性が、この社会を構成する一員としての意識を持って、率先して行っていること。タトゥーなどのイメージ、言動からマッチョだという批判を浴びることも多いですが、カウンター行動から反差別を組み込んだ「新しい男らしさ」が生まれつつあるんじゃないかと思うんです【※7】。例えば2014年にロシアで反同性愛法【※8】ができて、セクシャル・マイノリティの権利を守る活動家が迫害された時も、ロシア大使館に抗議しようという声が彼らの中から自然に出てきたし、渋谷区の同性パートナーシップ条例への反対街宣があった時にも、彼らは渋谷に駆けつけてカウンター行動をしたんです。都議会で女性議員に対して「早く結婚しろ」とヤジがあったときにも、抗議の署名に協力をしていました。

香山　カウンター活動で自分たちも変わったんですね。

青木　そうですね。男らしさと反差別の意思は両立しますし、ジェンダーセンシティヴではなくても、明らかな差別に真摯に怒ることはできます。マイノリティの物事の受け止め方について、学ぶこともできます。私自身の変化もありました。ヘイトスピーチに対して怒っている側をなだめるのではなく、共に怒る人びとがたくさんいるのを知って、以前よりマジョリティに対する信頼が出てきました。

香山　青木さん自身はマイノリティだと自覚していてマジョリティの人々とは相容れない気持ち

をずっと持っていたということでしょうか。かれらを信頼できるようになったのは大きな変化ですね。

青木　ええ。また以前は表現の自由が失われるという危惧から、人権擁護法案には反対だったんです。でもカウンターは編集者やアーティストなど表現者に発言力があり、元々規制に馴染まない人たちなんです。それでもヘイトはいけないと考えるので、葛藤が生じる。表現の自由を守り、押し広げながら、同時にヘイトに対抗するという葛藤です。だから表現に傷つく人がいても発言やプラカードをやめなかったり、カウンターに批判的な左派とチキンレースをして、たまに踏み外してしまったりするんですね。なので彼らが求める法規制の範囲は狭い。暴力性をはらみながら、そこからモラルと、将来的な法規制の範囲が立ち上がってくるのが見えて、大局的には賛成できるなと思うようになったんです。

反ヘイトの課題の広がりと、もう一つ変化がありました。ある時に、反レイシズムの人たちが、自分たちはＡＮＴＩＦＡ《アンティファ》だったのかって気づいた瞬間があったんです。

香山　ＡＮＴＩＦＡってアンチファシズム、極右の台頭に抵抗することですね。

青木　２０１３年12月、国会議事堂前で行われた特定秘密保護法案への抗議の時に、ダンマク（横断幕）隊のメンバーが、ふと「¡NO PASARÁN!（奴らを通すな）」というダンマクを掲げるという行動に出たのです。それは新大久保で6月、ヘイトデモの時にカウンターが掲げたダンマクと同じものでした。その光景は、カウンターたちに、1年間の路上でのレイシズムとの闘いが、アンチファシズムでもあったのだと強く認識させました。

――「ノー　パサラン」はスペイン語で、スペイン内戦でファシズムと戦った人民戦線のスローガンですよね。

青木　はい。もともとカウンターには共通した理論的背景はありません。既存の左派からは、路上のヘイトデモは新自由主義をバックとした差別政策を推し進める日本政府が大本であり、ヘイトデモへのカウンターは対処療法に過ぎない、むしろ大本への批判の目を曇らせるものだ、などと言われ続けてきました。しかし、そういう社会構造にカウンターたちは、個別の問題に取り組むことでたどりついたのです。もちろんカウンターのオピニオン・リーダーたちの役割は欠かせないですが。

香山　今までの市民運動だと、原発や集団的自衛権には一緒に反対していても、例えばＴＰＰや死刑廃止で意見が違うと険悪になって決裂しちゃうんですよ。

青木　私達はＴＰＰも反対すべき、とかいうように縛ることはしないし、してはいけないと。反安倍で分かれたカウンターたちとも、反レイシズムで共闘しています。

香山　例えば保守派の人たちって、路線が違っても選挙の時なんかに利害が一致していると仲良く握手してアピールするしたたかさがあるじゃない。リベラルの人たちは潔癖というか、意見がちょっとでも違う人、来歴が自分と異なる人とは一緒にやりたくないと。私から見ると切実さがなさすぎる。どんな汚い手を使っても目的のためには手段を選ばずという気持ちがないとダメだといつも思っているんだけど。東京都知事選なんか、リベラル勢が毎回負けてるのに、開票結果見ながら「残念だね」「だけど収穫は大きかった」とか自己正当化しながらみんなで酒を飲んで、この人たち結果はどうでもよかったのかなって、いつもうんざりします。

青木　香山さんは本気なところがいいですよね。選挙と社会運動は性質の異なるものですが、社会へのインパクトをリアルに捉えながら、方法論が硬直化しないことが大切だと思います。

研究者たちの役割

香山　青木さんは大学院で研究されていますが、ヘイトスピーチの現状に対して、日本でナショナリズムやレイシズムを研究している人たちが大学に閉じこもってないでデモやツイッターなど、もうちょっと現場と関わってくれてもいいのに、と思いますか?

青木 センスのない人たちだなって思うだけです。これだけ社会状況が変化している時代の転換点に、なぜ現場に来ないのかと。香山さんがツイッターをやっているのも、議論の先端がここにあるからっておっしゃいましたよね。そういう現場感覚は研究者であっても、というか研究者だからこそ必要だと思います。

香山 例えばアイヌについて「民族ではない」なんてでたらめなことを言ってる人たちに、なぜもっとたくさんの研究者たちがおかしいって言わないのかと疑問に思うんだけど。アカデミズムの領域外に起こってることにしゃしゃり出て発言すること自体が研究者としてはむしろ質を下げるというような発想なのかな?

青木 そうですね、特に専門外のことについて意見を言うのを控えるべきみたいな考え方はあると思いますし、自分自身、葛藤があります。

香山 でも学者の意見は使えるじゃないですか。アイヌの問題だったら、誰かが書いてたけれど、学者が50人くらい「何言ってんだ小林よしのり、おかしいよ」って言えたらもう決着がつくんじゃないかと。それなのに数人しか言わないから、なんだかネトウヨに数で負けてる風に見えてしまって。

青木　わかります。しかし3・11後の反原発運動って、専門家や一部の活動家に任せてたからあいう事故が起こったという反省が原点で、そう考える人たちの先鋭部分がヘイトスピーチに対するカウンターに加わっていったんですよね。知識がある人間だけが発言するのではだめだというところから始まってるんです。研究者じゃないとやれないことは絶対あるとは思うんですけど、まずは一人の人間としてダメだよって言うところから始めるべき。

香山　でも、世間の知識の底上げも必要ではないかしら。あとは工夫が必要ですよね。例えば2015年1月にNHKが「クローズアップ現代」でヘイトスピーチを取り上げたら、今まで知らなかった大勢の人たちから「えっ、こんなことが起きていたのか」と反応があったんです。メディアを通して実態を伝えていくアクションも必要だと思うんだけど。

青木　同感ですね。私はこれまで自分は差別されるマイノリティだと認識していて、いつも思っていたのは「マジョリティがもっと声を上げてくれよ」ということでした。でもカウンターが出てきた時に初めて、自分がマジョリティの立場として、いつも主張していたことを実行できると思いました。私たちは暗黙の了解として、受けた被害が大きいほど、その出来事についての発言権や証言者としての正統性を持ち、その問題について語ることができると考えてしまいがちですが、実際にはひどいトラウマを受けた当事者は、打ちのめされて発言すら難しくなってしまう【※9】。ヘイトスピーチもトラウマを生じさせるものです。だからマジョリティ側の人間こそが抗議に立ち上がるべきなんです。

【脚注】

※1　「ヘイトスピーチとレイシズムを乗り越える国際ネットワーク」として2013年9月に設立。社会学者の上野千鶴子氏、弁護士の宇都宮健児氏ら文化人、社会運動家らが共同代表を務め、反レイシズム活動、反差別法の立法化に向けた取り組みを進める。「のりこえねっとTV」は反ヘイトをテーマにした番組をユーチューブで生放送し、過去の放送も視聴できる。

※2　樋口直人講演会「日本型排外主義と在日コリアン」2014年4月20日、古谷経衡《つねひら》「若者は本当に右傾化しているのか」（2014）アスペクト。

※3　歌舞伎町ホスト、新右翼「統一戦線義勇軍」を経て、ヘイトデモへのカウンター集団「男組」として活躍。憂国我道会会長。著書に『奴らを通すな！』（ころから）など。

※4　同性愛、両性愛、無性愛、トランスジェンダーなど性的少数者のこと。

※5　ジェンダーは、社会的・文化的性差、あるいは性差についての身体把握のこと。ジェンダーニュートラルは、性差との結びつきが弱く中立であること。ジェンダーセンシティヴは、ジェンダーに敏感に気づき反応すること。

※6　親密なカップルの間でふるわれる暴力のこと。

※7　ベル・フックス『フェミニズムはみんなのもの――情熱の政治学』（2003）新水社。フックスによると、フェミニズムはこれまでしばしば、家父長主義的ではない男らしさのヴィジョンとして、「女性的に」なれと提示してきたが、ここでの女らしさとは、あくまで性差別的な考えから出てきたものであるという。そして男性が、家父長制的支配に反対するのと同時に、アイデンティティの基になる自分らしさを誇りに思い、愛することができるような男らしさのヴィジョンを、フェミニズムは提示するべきだとした。

※8　ロシア国会で2013年6月に成立した「同性愛宣伝禁止法」。「非伝統的な性的関係」を18歳未満の未成年者に宣伝する行為を禁止した。

※9　宮地尚子『環状島＝トラウマの地政学』（2007）みすず書房。

対談を終えて

対談では、反レイシズム運動のうちから反差別を組み込んだ「新しい男らしさ」がうまれているということについて、ひとつの傾向として話した。だが、より小さな文化集団や、そこでの個々の役割、またオピニオンリーダーの言説、表象の分析、経験されたエピソードを通した個々人の意識変化と行動まで分け入っていない。

対談ののち、研究者は、香山さんとわたしの予想や期待と少し違った形で、新しい社会運動の場に出てきた。それは安保法制に反対する学生グループのＳＥＡＬＤｓ（Students Emergency Action for Liberal Democracy - s）の抗議行動が大きく広がり、世論のうねりをつくったこともきっかけになった。衆院憲法審査会では３名の代表的な憲法学者が参考人として安保法制は違憲であると述べた。２０１５年６月には、〈安全保障関連法案に反対

する学者の会〉が結成され、毎週金曜日のSEALDsの国会前抗議行動で連帯のスピーチをした。マスメディアでのアカデミシャンの積極的コメントや各地の学習会の講師、高校や大学での授業など、専門を活かして知識人として活躍している。

他方、一部の研究者からのANTIFAやSEALDsへの事実無根の言いがかりや曲解もひどくなってきた。とくにフェミニストや社会学者が状況から乖離しているように思えるのは残念なことである。あるANTIFAはこの惨状を、「どんな世界にもカシコとバカがいて、学会や教育界にもそれが当てはまるという事が晒されているのがいま」と表現した。

2013年以降の反レイシズム運動が、知的蓄積に基づきつつ、それまでの運動の方法論を謂わば裏返して現場から出てきたからこそ、アカデミシャンによる啓蒙が難しかったのだということを、香山さんにうまく伝えられなかった気がする。反原発から反レイシズム、ANTIFA、そしてより若い世代が参入し、社会運動のあらたな器がつくられている。運動の内部と外部、研究者のそれぞれのスタンス、方法、擁護と批判、反

発とが分かちがたく絡み合っていく。政治状況は深部から変化している。社会科学や知識人たちも同様だろう。

青木陽子

香山リカ

対談中でも触れられているが、青木陽子さんにはじめて会ったときの驚きを、私は一生、忘れないだろう。主に北海道で生じた差別主義と闘うツイッターアカウント「C．R．A．C．NORTH」とやり取りしていた頃は、てっきり「これを運営している人はクールな男性」と思い込んでいた（このあたりに私のジェンダー感覚の限界がある）。そして、「アイヌへのヘイトデモが行われることになり、「一度、会いましょう」ということになってその場に来たのが青木陽子さん。どんな人かは写真で一目瞭然だが、私の驚きも少しは想像できるだろう。

もちろん、カウンター活動する人たちの中には女性も少なくないことは、実際にヘイトデモの現場で見て知っていた。後で青木さんが「カウンターの女ってみんな小柄なんです」と笑っていたが、たしかにきゃしゃだったりスリムだったりと、世間の「カウンターって腕っぷしが強くて怖い人ばかり」というイメージとはかなりのギャップがある。

青木さんには、本当はもっともっとききたいことがたくさんあった。とくにマイノリティについての研究者だった青木さんが、なぜ路上で実際のカウンター活動をすることになったのか、そのことと自分が「女であること」には何か関係があるのか、といった個人史については何時間でもきいていたかった。でも、アイヌ否定に対してときにはヘイトデモで、ときには私的な勉強会や対策ミーティングで、かなり頻繁に顔を合わせていた青木さんにあらためて個人的な質問をするのはちょっと恥ずかしく、踏み込んだ話まで聞き出せなかったのがやや残念。それでも稚拙な私の問いかけに、一生懸命、答えてくれようとした誠実さが印象的だった。

青木さん、まずは今回は読者のみなさんに「こんな人も人権のために闘っている」と知ってもらうところまで、ということにして、いつかもっと長いインタビューをさせてください。

対談◎3【部落解放からの反差別】

小林健治

お笑いタレントの母親の
生活保護バッシングも同じ構図。
しかも言論人や政治家までが、
妬みをもったネットでの
匿名のつぶやきにお墨付きを
与えてしまっている。

―― 香山リカ

日本社会の土壌にはびこる部落差別と長年闘い続けている小林さん。日本人の差別意識がここ数年、新たな形で一気に噴き出してきた背景には何があるのか、香山さんとともに時代をさかのぼって検証します。

小林健治｜こばやし・けんじ
1950年岡山県生まれ。法政大学文学部卒。解放出版社を経て、現在はにんげん出版代表を務める。著書に『部落解放同盟「糾弾」史』（ちくま新書）、『橋下現象と部落差別』（にんげん出版＝共著）などがある。

香山　今日本では街中でのヘイトスピーチを筆頭として、インターネットやいわゆる嫌韓本の数々に差別を煽る発言があふれかえっていますね。この現状に愕然としています。しかも批判をすると逆に「香山リカは反日だ」と中傷されてしまうんです。

小林　私も40数年、部落解放同盟【※1】で反差別運動をしていますが、大変な危機感を持っています。最初に在特会（在日特権を許さない市民の会）のヘイトスピーチを見たときは、慄然としました。「朝鮮人を叩き殺せ！」と白昼堂々マイクで罵倒する卑劣さに、一体こんなむき出しの差別が許されるのかと。

香山　私、以前は日本の人権問題ってある程度解決に向かっているんじゃないかとタカをくっていたんです。日教組が強かった時代に学校教育を受けて、戦争はいけないという話や、北海道なのでアイヌ差別の問題も教えられ、人権感覚が体に染み込んでいましたから。高齢世代で差別意識が残っている人はいるかもしれないけど、少なくとも自分の世代から下は、差別は悪いことだと認識しているだろうな、と楽観的に思い込んでいたんですよね。自分がいかに甘かったか、こうなる前に何かできることがあったのではないかと、今になって反省しているんです。

小林　確かに昔に比べれば障害者や女性への差別の理解は進んできたと思いますが、部落問題はそうではなかったんです。特に結婚差別はいまだに根強い。また、猟奇的事件が起こると必ず犯人は部落出身だとか在日コリアンだとかデマが流されてきました。

香山　差別は収まっていたように見えたけど単に「それ言うとやっかいだからタブーだよ、シーッ」と陰でひそひそささやいていた感じだったんでしょうか。ところが今はそんな言葉を公然と口に出すようになってしまった。

小林　これまで私は差別語、差別表現の問題で、様々なメディアと話し合い、抗議や申し入れをしてきました。たとえば被差別部落のことを、侮辱の意志を込めて「特殊部落」と出版物やテレビなどで公言した場合、社会的差別を助長することになるわけです。ただし、差別表現をした人のほとんどは、認識不足から、ついうっかり、または差別と知らずに口に出したり書いたりしてしまったのです。しかしヘイトスピーチは決定的に違う。目的意識と攻撃性を持って、相手の人格を破壊しようとする「差別的憎悪煽動」なのです。

ヘイトスピーチの源流

小林　そもそもの始まりはインターネットが普及し始めてからですよ。その頃から差別的な書き込みを見て危ないと思っていたのですが、ネットは規制しようがなく対処できなかった。

香山　やはり匿名で書けるということが大きいですよね。ウィンドウズ95が広まって一般の人もパソコンを使えるようになった20年ほど前からだと思います。そして小林よしのり氏の「戦争論」が出版されたのが1998年。「新しい歴史教科書をつくる会」も同じ頃にできて。

小林　歴史修正主義【※2】ですね。

香山　それより前から、「朝まで生テレビ」（テレビ朝日系列）のように、部落問題や天皇制とか、それまでタブー視されてきたことを話そうという風潮が生まれていたんです。専門家やジャーナリストによる聖域なき議論は意義があったと思うんですけれど、その意味合いが変化して、とにかくタブーを堂々と口にすることが英断なんだ、みたいな流れができ変な免罪符が与えられてしまった。その先にヘイトスピーチが出てきたという気がしますね。

小林　そしてここ数年でネットの世界でつぶやいていた人たちがリアルな街頭に出てきた。最初の大きな動きがフジテレビ前で行われた6000人規模のデモでした。今はどんな集会も3000人集めるのは大変ですから、えーっと驚いた。しかも理由が韓流ドラマを流し過ぎだと。韓流ドラマブームは10年ぐらい前でしたか、これを機に隣国の理解が深まると期待していたのに、何でそれから嫌韓になってしまったんだろう。やっぱり経済的な疲弊や領土問題が根深いのかなと。

香山　ドラマのスポンサー企業に対して不買運動も起きましたね。

小林　以前ＢＳ放送でヘイトスピーチを考える番組があり、私もビデオ出演したんですけど、終了後ものすごい抗議メールやＦＡＸが来たそうです。番組の内容が在特会批判だと。他にも在日韓国人団体が日韓友好のイベントをやろうとしたら抗議され潰された。あるファッション雑誌は、韓国料理を取り上げたら怒鳴り込まれた。気にくわない記事とか催しを攻撃する。これナチスの突撃隊と同じ手法ですよね。

香山　根っこにあるのは相手が特権、利権を享受しているという思い込みです。「自分はこんなに大変なのに何であいつらは……」と。今日も私のツイッターに「『弱者』を利権化させ、社会を分断させた、自分がその加害者だっていう認識はない訳？」なんていうリプライがあって、「『弱者』を利権化」って何だろうと思って（笑）。「『弱者の権利』の打ち間違いかな？」って返事したんですけど。

小林　これまで労働組合や社会団体が闘っていろんな権利を獲得してきたわけでしょう。それを利権と表現し、悪いものだという。男女平等にしても、黒人差別撤廃にしても、辛苦のすえに、当事者がようやく獲得した人権なのですがね。ついには広島・長崎の被爆者利権という声まで出てきて驚きました。「原爆の碑を倒しに行く」などと言っているんですよ。

香山　社会的弱者《マイノリティ》が支援や保護を受けることは利権とは全く違うのに。今に障害者とか高齢者にも利権があるとかね、果てしなく広がって逆にわけが分かんなくなればいいんじゃないかと。私が嫌われるのは女だからという面もあるんですよ、女利権を使いやがってみたいな。いずれ猫利権とか言い出しそう。何も働かず食いやがってとか（笑）。

小林　あはは。論理とか事実かどうかを考えず、自分たちの嫌悪感や実感だけでものを言っているんでしょう。

香山　お笑いタレントの母親の生活保護バッシングも、まさに同じ構図でしたよね。しかも片山さつき参議院議員が「追及します」と発言したり。言論人や政治家までが、妬みを持ったネットでの匿名のつぶやきの後ろ盾になってしまってお墨付きを与えているんですよね。

小林　２０１４年末の総選挙の最終日も安倍総理が秋葉原に行きました。前回の選挙の時は数千人集まりましたが、大半がネット右翼《ネトウヨ》、在特会の支持者のような人たちで、無数の日の丸が勢いよく振られて選挙応援としては異様な盛り上がりでしたよ。

香山　嫌韓派には女性も多いですよね。北原みのりさんが「奥様は愛国」（共著、河出書房新社）という本を書かれましたけど、私も一度そういう会のメンバーと話したことがあって。ほんとに普通の20〜40代の女性ですが、デモで口汚くののしって、でも日本は美しいとか言う。突っ込みどころありすぎなんだけど。

小林　香山さんはツイッターでそういう人たちと辛抱強く付き合ってますね。いつも読んで爆笑していいます。

香山　私が何か書くとすごい反発が来るんですが、その人たちの考えに興味もあるので対話を試みているんですよ。例えば参考文献を紹介して「まずこれを1冊読んでいただいて一緒に話しましょう」と。するとほとんどが「本の内容をまとめるのが礼儀だろう」と言ってくる。「本はまとめられないからまず読んで」と言うと、「どうせあなたの推薦する本は偏ってる」と。とにかく本を受け付けない。それから歴史にも関心がない。この夏、国連が日本のヘイトスピーチを法規制するよう勧告した時に、千葉県のある元衆議院議員が「国連人権委はサヨク」とツイートしたんですよ。すると、そうだそうだと賛同がわーっと集まった。

小林　昔、国連はアメリカ帝国主義の隠れ蓑だとか言われてたのに（笑）。

香山　それで国連脱退すべきとか書くので「満州事変を知っていますか？　日本にも昔同じようなことがあったのです」と聞いても「知らん」とか「お前見たのか」とかいう反応しか返ってこない。対話にならず空しいです。

小林　かれらのような人間を作家の佐藤優さんは「反知性主義」と言っています。知性に基づく実証性、客観性を無視や軽視をして、自分が気に入った物語だけを真実だと思い込む。だから議論が成立しないんですよ。

――香山さんは2002年から著書「ぷちナショナリズム症候群」で社会の右傾化を懸念されていましたね。ネット右翼になってしまう人の背景に何があるのでしょう？

香山　個人的には、「復権」だと思うのです。自分が不当に貶められていて、本来、得られるはずの収入や地位や恋人が手に入っていない。それはいったいどうしてなんだ、こんなのおかしいじゃないか、でももしかすると自分の努力や才能が足りないのも問題なのかもしれない、いやいやそんなはずは……と考えている中で、「悪いのは韓国だ」「在日が特権を享受しているからだ」といった〝説明〟に出会うと、「そうか、そうだったんだ！」と一気にそちらに心が向かう。でも、最近、「恵まれた生活をしていて復権の必要もないのにヘイトするネトウヨ」もいるんです。それは何なのか、がいまの関心事ですね。でも、とにかくネットはひどい。

小林　ネットに書き込まれた差別はトイレの落書きと同じレベルなのですが、影響力と伝染力がケタ違いに大きい。

香山　「ネットで真実を知り目覚めました」という人が多いです。ツイッターを始めた当初は「ラーメン食べ歩きについてつぶやきます」と書いてた人が、今やもう「死、韓国」とかばっかりに(笑)。でも逆もあって、ヘイトスピーチへの対抗行動《カウンター》やってる人が「音楽が趣味だったのに今やネトウヨと闘う毎日です」と書いていて。

ヘイトにどう対抗すべきか

小林　カウンターの「男組」、「C.R.A.C.《クラック》」は気合いが入ってますよ。この前も京都でのヘイトデモ20人に対しカウンターは400人で圧倒的でしたから、心強い。本来は解放同盟をはじめ既存の運動団体もしっかり抗議すべきなのですが、できていない。

香山　カウンターの人たちは、デモ隊に「お前らこそバカだ」とか「死ね」と言い返して、すごい言葉の応酬になっていますね。デモ隊メンバーが「差別主義者を差別するな」と真面目に叫んでいましたからね。

小林　私は断固カウンターを支持します。かれらの抗議の激しさを批判して、「人種差別主義者《レイシスト》と同じレベルに落ちてはいけない」と言う〝良識者〟もいますが、そういう人は単なる傍観者なんですよ。現場で「朝鮮人を殺せ」と暴言を浴びた時、理性的に対処している余裕などないでしょう?

香山　ほんとうですね。「お互い冷静に」なんて言えません。

小林　部落解放運動発祥の地、奈良県・御所の水平社博物館の前でも在特会のメンバーにヘイトスピーチをされました。「穢多《えた》に穢多っていうて何が悪い。けがれた卑しい連中」「朝鮮人はウジ虫。ウジ虫に死ねっていって何が悪いんじゃ」と。私たちが長年積み上げてきた運動をいとも簡単に飛び越え、居直ったむちゃくちゃな言動です。ところがそれを取り締まる法律が日本にはない。日本は人種差別撤廃条約を批准していますから、それにもとづいた包括的な差別禁止法が制定されれば一番いいのですが、「憲法第21条の集会・結社・言論の自由に抵触する」と憲法学者もほとんど反対している状況なのです。

――**2014年12月の最高裁決定では、人種差別撤廃条約に基づき京都朝鮮学校への在特会のヘイトスピーチを人種差別と認定していますね。**

小林　在特会の街宣活動は〝表現の自由〟に値しないとした画期的な判決ですが、あの場合は小学校の正門でのヘイトスピーチだったから裁かれた。しかし、不特定多数すなわち街中でのヘイトスピーチを禁止するためにはやはり法制化が必要です。欧米にはヘイトスピーチを規制する法律があるんですよ。天才デザイナーと言われていたジョン・ガリアーノは、２０１１年にパリのカフェで、ユダヤ人に「ヒトラーが大好きだ。お前たちのようなやつらは死ねばいいんだ」などと酔って暴言を吐き即逮捕、クリスチャン・ディオールから解雇されました。徹底している。一方、日本では在特会がハーケンクロイツ（鉤十字）を掲げてヒトラーの生誕祝いデモをやった。国連の人種差別撤廃委員会から勧告が出ましたけど、デモ映像を見た委員は最初、映画の撮影シーンだと思ったらしい。まさか日本でこんなことを？　と。オランダでもドイツでもハーケンクロイツを掲げてデモしたら全員即逮捕ですよ。

香山　確かにそうですね。

小林　法制化が難しいのであれば、自治体の条例でやったらどうでしょうか。公共施設を貸さない、あるいは公安委員会がデモ許可をしないとかいろんな方法があると思います。山形県の県生涯学習センターは施設を在特会に貸さなかったですから。ものすごい嫌がらせがあったけれども頑張った。

――法規制という考え方ではなく、名誉毀損や侮辱罪などで訴えることはできないのでしょうか。

小林　すでに裁判も起こされ、差別を受けた側が勝訴していますが、結果的に何の抑止力にもなっていないのが実情です。最高裁も認定したように、明確に人種差別は犯罪という観点からヘイトスピーチ禁止法を制定すべきと考えています。ただし、法律を作ったからといって差別がなくなるわけじゃないんです。最後になりますが、評論家の呉智英さんが「差別のない明るい社会」は空疎なスローガンだから「差別もある明るい社会」を目指すべきだと、面白いことを言っています。差別者は必ず出てくる、それでも明るい社会はつくれるはずだと。まあこんなスローガンは県庁の垂れ幕に掲げられないでしょうが（笑）。個人が差別心を持つのは自由。でも、公共の場でそれを発言したら恥をかくよ、あまりにひどい時は処罰されるよと。そういう認識を皆が持つことが大切だと考えています。

【脚注】

※1　1922年創立の水平社を前身にもつ団体で、「部落差別から完全に解放し、もって人権確立社会の実現を目的とする」（綱領より）。同盟員は約5万人で、機関紙の「解放新聞」を発行する解放新聞社などの関連団体がある。

※2　英語の「リビジョニズム」の訳語で、歴史学の積み重ねを無視して都合よく解釈すること。例えば、ナチスによるホロコーストはなかったと主張するための史実捏造などを批判的に言い表す。「歴史改竄主義」ともいう。

この対談は、『クロワッサン』（2015年1月25日号）掲載の「お茶の時間」に加筆・修正しました。

……対談を終えて……

ヘイトスピーチなどの問題で、香山さんと対談しませんかとの連絡を受けた時期は、ちょうど小笠原諸島近海で、中国船籍の漁船が、サンゴ（赤サンゴ）の密漁をしていることに対し、反中国的な感情が、広く沸き上がっているときでした。

違法なサンゴ漁は、批判されてしかるべきですが、それが思考を飛び越えて反中・嫌中意識にストレートに結びつく社会情況に危うさを感じていました。

それと、香山リカさんのツイッターをずっと読んでいて、嫌韓、嫌中、そしてアイヌ民族否定論など、ネット上に氾濫するヘイトスピーチに対し、積極的に対応し、無害化することに腐心している様子も知っていましたので、より対談が楽しみでした。

対談の中で語っているように、ヘイトスピーチなどの人種差別主義は、すべて、反知性主義の思い込みから生じているデマであり、客観性、実証性を無視し、したがって論争にならないわけです（2014年10月20日の橋下徹大阪市長と当時の「在特会」会長・桜井誠の公開意見交換が論議にならず、短時間の怒鳴りあいに終わったことに象徴されている）。

しかし、香山さんは辛抱強くレイシストたちのヘイトスピーチと誹謗中傷につきあい、彼らの言説をシニカルに笑い飛ばし根気強く対応していました。やはり、精神科医は、ヘイトスピーチを撒き散らす〝哀れな人たち〟を見捨てず、意識変革をうながしているのだと見ていました。

今、自民党の地方政治家のみならず、中央の、それも安倍政権中枢にいる少なくない国会議員が、稚拙な反知性主義丸出しで、法的安定性（憲法）よりも安保法制が優先するとか、反対

行動を行っているSEALDsなどへ、根拠のない誹謗中傷を行っています。政権中枢は恐ろしいほど腐敗しています。腐敗した政権が推し進める、人権抑圧、戦争遂行政策の生活現象が、嫌韓、嫌中、そしてアイヌ民族否定、被差別部落や原爆被爆者、沖縄、LGBTなど、社会的マイノリティに対するヘイトスピーチとなって、現れています。今日本は本当に危機的な状況にあると思います。力を合わせ、反戦、反差別をめざして闘いましょう。

小林健治

香山リカ

差別表現や人権問題に長年たずさわってこられた小林健治さんの発言にはひとつひとつ重みがあったが、中でも最も印象的だったのは、ヘイトデモへのカウンター活動を行う「C.R.A.C.」や「男組」を断固として支持する、という言葉だった。

在日コリアンなどに対して聴くに耐えないさげすみ、ののしり、さらには「出て行け」

どころか「死ね」といった犯罪に匹敵するシュプレヒコールやプラカードとともにデモ行進を行う彼らに、カウンターたちは毅然として立ち向かう。中にはデモ隊にできるだけ近づき、彼らの眼前で「帰れ！」「レイシストは消えろ！」と叫ぶ一群もいる。その攻防の激しさに、「これではデモ隊も逆にいきり立つのでは」「どっちがヘイトデモでどっちが防いでいるのかわからない」などと冷ややかな言い方で批判する人もいるのは事実だ。

実は私自身、小林さんと話すまで、正直言って自信が持てない面もあった。ヘイトデモは許せない。カウンターを心からリスペクトしている。でも、学生たちに映像を見せ、「カウンターという人たちもずいぶん暴力的なんですね」などと言われると、一瞬、返す言葉に戸惑ってしまったこともあった。

しかしそのひとかけらの迷いは、小林さんの言葉により完全に吹き飛んだ。在日コリアンが不安におののきながら遠くから見ているあの現場では、マジョリティであるカウンターが排外デモの前に立ちはだかり、「からだを張ってでもここを通さない」という態度を見せることがどうしても必要なのだ。そこで「大声を出すのは〝どっちもどっち〟になるし」などとためらうのは、結局、差別主義を容認し、ヘイトデモ側に加担していることにもなりかねない。

その明確な論理を示してくれた小林氏には、いまでもとても感謝している。そしてこのことは、その後の私の反ヘイト、反アイヌ否定、反安保法制と続く戦いにとって、大きな柱になったのである。

対談◎4【ジェノサイドの残響】

差別に加担するような本を出版するからには、社会への影響力を自覚してほしい。ところで、「韓国の書店に〝反日〟本はほとんどない」というのは本当ですか？

——香山リカ

加藤直樹

卑劣なヘイトスピーチデモの標的にされた韓流タウン、東京・新大久保。この街で生まれ育った加藤さんは、過去から現在に至る日本の排外主義を路上からの視点で見つめ続けています。駅前で初顔合わせしたお二人、出版界の〝ヘイト本〟ブームの考察から対談に入ります。

香山　書店ではいわゆる嫌韓・嫌中を煽るタイトルの本が並んでいます。この手の本がベストセラーになったり大手出版社までがこぞって出すようになったのは、ここ数年のことかと思いますが、何がきっかけだったんでしょうか？

加藤　やはり2012年の韓国・李明博大統領の竹島／独島上陸や、中国との尖閣問題がクローズアップされたのを機に、どっと出てきた印象がありますね。韓国・中国の政府を批判するというよりも、その国の人々そのものを蔑視して憎悪する、そんな本が「マンガ嫌韓流」が出版された2005年ごろから書店に並び始めて、これはまずいなと思っていたんですが。ここ数年に出た本のタイトルだけを見ても「中国人韓国人にはなぜ『心』がないのか」「韓国・北朝鮮を永久に黙らせる100問100答」「もうこの国は捨て置け！　韓国の狂気と異質さ」……こんな現状です。醜悪ですよ。

加藤直樹―かとう・なおき
1967年東京都生まれ。法政大学中退。出版社勤務を経てフリーランスに。著書に『九月、東京の路上で　1923年関東大震災ジェノサイドの残響』（ころから）、『戦争思想2015』（河出書房新社＝共著）などがある。

香山　出版社としてどういう信念で出すものなのか不思議に思いますよね。そういう特集をする週刊誌の人と話すと「うちの編集部には本当の意味で中国嫌い韓国嫌いはいない」って言うんですよ。じゃあどうして憎悪を煽る記事を書くのかと聞いたら「売れるから」という答えが返ってきて驚きました。またある出版社の人は、今すごく出版不況なのに、嫌韓本を出すと一瞬でも売り上げがぱっと１００位とかに入る。その実績をつくりたいから出していると言うんです。

加藤　盛んに嫌韓本を出している出版社でも、経営者本人は全然そういう思想の持ち主ではなかったりするそうです。出せば確実に買う講読者層がいるから一定の部数が見込めるわけですよね。

香山　そう、嫌韓モノならどんな本でもまず買うという人がいるんですって。そんな中で、出版業界内部から批判の声が上がってきましたね。「ヘイトスピーチと排外主義に加担しない出版関係者の会」が『ＮＯヘイト！　出版の製造者責任を考える』（ころから）という本を出しました。加藤さんが今の状況の危険性を指摘した講演内容もこの本で紹介されています。どういう方たちがつくっている会なんですか？

加藤　僕は会員ではありませんが、大手から中小まで様々な出版社に勤める人たちやフリーの編集者、書店員など約20人がフェイスブックの呼び掛けなどを通じて集まって、２０１４年3月からシンポジウムを開催するなどの活動をしています。排外主義を助長することの責任を業界内部から問い、「差別や憎しみを飯の種にしたくない」と訴えています。

香山　書店員さんたちのアンケートが載っていましたけど、今の状況に胸を痛めていたり、嫌韓本が売り切れても再発注しないとか、個人的に抵抗してる方々がいるんですね。

加藤　ただ、現実にヘイト本がどんどん入荷される中で書店員さんにできることは少ないでしょうね。本を作っている出版社こそ、差別に加担しているという責任を感じるべきです。

香山　そうですね、出版するからには社会にどれぐらいの影響力を及ぼすものかという自覚を持ってほしいです。ところで加藤さんが講演でおっしゃっていた「韓国の書店には〝反日〟本はほとんどない」というのは本当なんですか？

加藤　本当です。僕は韓国に行くと書店を覗くようにしています。もちろん、たとえば「右傾化する神の国」というタイトルで日本の政治状況を批判する本などはありますよ。でも民族としての日本人そのものへの蔑視や敵視を煽るようなタイトルの本はない。それに、韓国人はそれほど日本だけを気にしているわけではなく、日本人の方が韓国に執着している印象です。とはいえ僕は日本の状況を韓国と比べたいわけではないんです。講演では韓国の書店の写真をお見せしましたが、一昔前の日本の書店——ヘイト本がなかった頃——の写真でもよかったんですよ。言いたいのは、ヘイト本がある種の公共空間である書店の目立つ場所を占拠しているという今の状況がすごく異常な事態であるはずなのに、慣れてしまっているのではないか、ということなんです。

香山　確かに。米ソ冷戦時代だってアメリカの書店にロシア民族を差別する目的の本は並んでなかったと思う。

民族差別の恐ろしさ

加藤　先日、日本で韓国人学校に通う高校生たちと話す機会がありました。韓国人学校は、いわゆるニューカマーの、主に親の仕事で来日した子どもが通っているのですが、その場にいた女子生徒3人のうち2人までが、街中で日本人の大人から「韓国に帰れ」などとののしられた経験があるというんですよ。幼い子どもを連れた韓国人のお母さんが、道で日本人につばを引っ掛けられたこともあったそうで、それ以降、学校の外ではハングルの本を開いたり韓国語で会話したりしないように先生に指導されていると聞きました。日本はそこまでひどいことになってきているのかと驚きました。

香山　私の知り合いの韓国人は、インターネットで日本のヘイトデモを見たカナダ在住の韓国人から「どうして日本にいるんだ、早くこっちに逃げてきなさい」と忠告されたそうです。

加藤　日本に生まれ育った、いわゆるオールドカマーの在日韓国・朝鮮人の子たちはさらにつらい思いをしていると思います。僕の知り合いは娘さんがまだ2、3歳なんですが「この子が大きくなってネットに触れる日が怖い」と言ってます。日本で生まれ日本で生きていく彼らが、ネットのヘイト書き込みや、あるいは書店で自分の存在を否定する本を見せられ続けるというのは許しがたいことです。民族差別がいかに恐ろしく、社会をとんでもない方向に持っていくものなのか、という認識が、ヘイトスピーチが蔓延する今の日本で、どれだけ共有されているのか……。

――加藤さんは著書「九月、東京の路上で」でその恐ろしさを描かれていますね。

加藤　関東大震災での朝鮮人虐殺の記録や証言を時系列で追った本（ころから刊）です。混乱の中で朝鮮人が井戸に毒を入れた、放火しているという流言が出回り、それを信じた人たちが朝鮮人を次々に襲って殺した。犠牲者の正確な数は分かっていませんが、数千人とも推測されています。

香山　どうしてそのテーマで書こうと思われたんですか？

加藤　きっかけは、2000年の石原慎太郎都知事（当時）による「三国人発言」でした。彼が自衛隊の行事で「東京では、不法入国した三国人、外国人が凶悪な犯罪を繰り返し、大災害が起きた時には大きな騒じょう事件すら想定される」として、災害時に自衛隊が治安出動すべきだと語った事件です。韓国人・台湾人への蔑称である三国人という差別語を公然と使ったこと以上にその内容がショックで、確か関東大震災の朝鮮人虐殺はこういう差別・偏見で起きたのではなかったか、と調べ始めました。そして、昔のことでは済まない、現代につながる事件だということが次第に見えてきました。

香山　差別意識が根底にあったということですか。

加藤　はい。震災は１９１０年の韓国併合から13年後で、日本人は朝鮮人を自分たちより下に見ていた。さらに震災の4年前に朝鮮各地で３・１運動という独立運動があって多くの朝鮮人が日本の支配に抗議したのですが、それもあって朝鮮人が攻撃してくるんじゃないかと恐れる感情があったのです。

香山　当時の日本の状況は、今と重なるところがありますか。

加藤　当時もメディアの影響が大きかったことがよく分かりました。新聞が、朝鮮人は不気味で恐ろしいという印象を読者に与えたんですね。作家の中西伊之助は当時、ジャーナリズムが朝鮮人を「恐怖の黒い幻影」に仕立てている、と批判しています。大震災当日の9月1日の朝刊にも「怪鮮人捕はる　陰謀団一味か」という見出しがあった。どんな噂でも皆がありえないと思えば広がらないわけですが、当時は朝鮮人が火をつけるという流言を信じてしまう下地がメディアによってを作られていたのです。

よみがえった憎悪

香山　それからほぼ90年ぐらい経ちましたが、今の中国、韓国に対する悪感情の増加というのは、加藤さんからみるといつごろからだと思いますか？

加藤　僕は１９９０年代から始まっていると思っています。そのころに南京大虐殺はなかったとというような歴史修正主義の言論が出てきた。「あいつらは嘘をついて日本を貶めている」といった感情が、「あいつらは嘘つき民族だ」という具合にレイシズムへと昂じていって、中国人、韓国人への民族的憎悪が高まってきたんじゃないかと。

香山　90年代後半に小林よしのり氏の「戦争論」が出たり「歴史教科書をつくる会」の運動がありましたね。当時は長引く不況で、山一証券が破綻したり経済が行き詰まり状態にあった中で突如、「日本は正しい戦争をした」という言説が出てきた。失地回復するためにも中国・韓国が下の存在でいてくれなきゃ困るという感情からですか？

加藤　日清戦争以降の１００年間は、日本がアジアの先頭ランナーであり、唯一の先進国だという優越感がずっとありました。特に80年代はジャパン・アズ・ナンバーワンと言われ、強い自負心があった。それが90年代以降、日本の成長が止まる一方で、ほかの国が発展してきて、日本はアジアの中の一国に過ぎなくなった。今では世界的な発言力も中国が日本をはるかに上回っている。これは、私たちが自覚しているよりはるかに大きな変化で、日本人の世界観を深いところで揺さぶっているという気がします。この変化に対して、納得いかない、何か不正があるはずだ、もう一度あの時代に戻りたい、という強烈な思いが、日本社会の中に潜在的にある。安倍・自民党の「日本を取り戻す」というキャッチコピーは、それを代弁したものだと思いますね。

香山 安倍首相は2015年の年頭所感でも「日本を、再び、世界の中心で輝く国としていく」としました。そういう言葉に何の疑いも持たずに共感する人たちがいるわけです。今の日本が置かれた状況を直視できないんでしょう。自分の中の葛藤や不安も直視できないから「外敵」に投影して、あいつさえいなければまた失地回復できるんだ、と単純に思うわけですね。私がこんなこと言うと、精神科医が社会を診断するのは法律違反だとか非難されちゃうんですが（笑）。

加藤 もはや日本がアジアの中心ではないと理屈で分かっていても、感情で受け入れられずジタバタしているんですよね。

香山 どうすれば気が収まるんですかね。アメリカに「やっぱり日本にはかなわないなー」とほめ倒してもらうとか？

加藤 面白いけど（笑）。日本は特別な国だという自己認識を諦めないと終わらないでしょうね。いわば、老いを受け止めるしかないということですよ。

香山 ほんとうに。それは敗北でもなんでもなくて、文化が成熟した次のステージだと思うんですけど。一時はポルトガルみたいな国に学ぼうとかいう風潮もあったのに今やすっかり消えて、「再び輝こう」の一辺倒みたいになってしまっている。ヘイト本ブームと背中合わせのように今、日本を礼賛する本やテレビ番組が目白押しですよね。私が出演する番組にもそういうコーナーがあって、外国人に日本の感想をインタビューするんですけど、ほとんどが欧米人。そして皆さん日本がすばらしいとほめてくれる。そりゃマイクを向ければ普通悪口は言わないですよね。私一度テレビ局の人に、何でこんなのを続けるんですか、と聞いたんです。そしたら「視聴率がいいから」と。

加藤　日本をほめまくるテキサス親父っていうアメリカ人も話題になってますね。有名人でもなんでもない親父さんに肯定してもらわなきゃいけないところまで日本は落ちぶれているのかと悲しくなりますよ。

香山　ちょっと前までは「ここがヘンだよ日本人」（TBS系列）って番組がありました。外国人に日本人の奇妙なところを指摘されて笑ったり考えたり。日本を世界の中で相対化できる知性や余裕があったのに、今あの番組をやったら「反日だ！」とか言われちゃうでしょうね。

加藤　どんどん余裕を失くしてヒステリックになってきている。このままではまずいなと思います。極端な現われだけど、「在日韓国人がメディア界や政界に入り込み日本を支配しようとしている」などと、ネット右翼が陰謀論を広めていますね。

香山　一度そういう思想に染まってしまった人は修正が利かなくなるんです。心理学でいう「確証バイアス」が働いて、自分のいったん信じたことを強化する情報しか取り入れなくなってしまうので。自分の気持ちにぴたっとはまるデマや陰謀論を聞くと、ほらやっぱりそうなんだ、と信じ込んでしまう。

加藤　今はまだそこまで信じる人は少ないでしょうが、あなどっていたら危険です。ナチスの時代、ドイツ人はすぐれた知性を持っていたにもかかわらず、ユダヤの長老が世界征服を企んでいるというような陰謀論が広まってしまった。おそらく本当に信じた人はそんなにいなかったと思うのですが、おかしいと思った人も、恐いから首をすくめてやり過ごしているうちにああなってしまったのではないかと。

香山　でも私もあなどっていたんですよね。「戦争論」もしょせんマンガだと思っていたし、「つくる会」もまともに相手する感じではないなと。浅田彰さんや中沢新一さんら時代の旗手と言われた知識人も同様に放置していたがゆえに、今の状況が訪れてしまったわけです。

加藤　世の中の空気は少しずつ変わっていくものなので、異常だと思っていてもいつの間にか慣れてしまう。心配し続けるのは人間にとってしんどいことだから途中で考えるのを止めてしまう。気づいた時には引き返せない事態になるのが怖いです。

行動して空気を変える

香山　これからはマンガやテレビ、ネットも駆使して正しいことを皆に分かりやすく伝えていかないといけませんね。

加藤　リベラル系の運動って理屈で人を説得しようとしがちですよね。もちろん理屈は大事だけど、それだけじゃなくて、香山さんもやっているような、普通の人の「思い」や「想像力」に届けるような発信が必要だと思うんです。

香山　そうそう。護憲の集会に行って、これからは皆にばーんと伝わる方法で、と話すと「奇策を弄するのはいかがなものか」とか言われる。ではこのまま負けて憲法が変わっていいのですか、と私もケンカ腰になっちゃうんだけど、その人たちは「正しいことをしなくては」とか「一人が一人に地道に伝えましょう」と。でもその結果、解釈改憲されるまでになっちゃったんでしょ、1

00年そうやってればいいじゃん、とイライラします（笑）。

加藤　社会の空気に働きかけて、変えていくためには、人々の気持ちを揺さぶることができるかどうか。2013年に、新大久保でヘイトスピーチのデモに対抗するカウンター活動が始まり、それに参加してよく分かりました。大久保の路地に入り込んで韓国人に差別的言辞と罵倒をぶつけるレイシストたちを、最初は「レイシストをしばき隊」（現C.R.A.C.）のメンバーがたった10数人で立ちはだかって阻止した。そこからすべてが変わっていったのです。無力感が吹き飛ばされた。「声を上げればひどい差別をやめさせることができるんだ」と感じた多くの人が抗議行動に加わり、今やヘイトスピーチをどう規制すべきかと議論されるところまできた。

香山　どういう行動や説得をすれば効果的なのかをまず考えるんですね。

加藤　大久保の抗議行動では、僕はビラをまく「知らせ隊」【※1】に参加していました。韓流ファンの人たちや地域住民、韓国人の店員さんたちに、何が起きているかを伝える役割です。ビラを作るとき、ごちゃごちゃ書いて誰かを啓蒙しようという発想はやめようよ決めました。なので、「私たちの大切な友人を傷つけないで」というタイトルで、ごくシンプルに、事実と最小限の思いだけを伝えるビラを作ったんです。すごく手応えがありました。ビラを受け取った中学生の女の子やサンダルばきのおじさんが、その場で一緒に抗議の声を上げ始めることもありましたね。

香山　一人ひとりが自分のできる方法で空気を変えていけたらいいですね。綱引きのように自分が手を抜いたら負ける、みたいな危機感を持って。私一人ぐらい人権のことを考えなくてもいいや、でなく参加しなきゃいけないという気持ちを持ってほしいですね。

【脚注】

※1　「民族差別への抗議行動・知らせ隊」の略称で2013年に結成された。おもに新大久保の路上において、ヘイトデモへの注意喚起と、それへの抗議行動（カウンター）について道行く人に知らせる活動を行った。『九月、東京の路上で』（加藤直樹）のもとになったブログも「知らせ隊」の活動の一環。

この対談は、『クロワッサン』（2015年2月25日号）掲載の「お茶の時間」に加筆・修正しました。

実際にお会いしてみて気づいたのは、香山さんの眼鏡の奥にある目が実はけっこう鋭いということでした。「この人は本当に（失礼！）お医者さんなのだな」というのが、その目から受けた第一印象でした。

しかし、対談の場所まで移動する車中でお話を伺っているうちに、その鋭い目が、医師としての職業的な厳しさだけではなく、世の中に向き合う鋭さの現われであることが分かって来ました。この人は「本気」で考えている人だと直感しました。

香山さんといえば、鋭くも軽妙なエッセイが本領です。大事なことを掘り下げて、しかしそれを楽しく、分かりやすく語る。その面白さは、どうしたら普通の読者に届くかということを本気で考えることで生まれるのだと思います。だからこの対談が「どうしたら世の中の空気を変えることができるか」というテーマに行き着いたのも必然でした。

対談の後で、香山さんのある日のツイートを読みました。手元に記録がないので、うろおぼえですが、「民族差別を見て見ぬふりをするのは、ＹＭＯやクラフトワークが好きだった80年代の自分を裏切ることのような気がする」といった内容でした。

ＹＭＯもクラフトワークも、民族差別について何か発言していたわけではないので、奇異に思う人もいるかもしれませんが、ぼくには大いに共感できる言葉でした。ぼくは80年代前半にはまだ中学生の子どもでしたが、兄の影響で、香山さんも常連投稿者だった「ビックリハウス」を愛読し、ＹＭＯやクラフトワークを聴いていました。

あの頃のサブカルチャーには、ある種のリベラリズムが確かにあったと思って

います。その軸は、個人を否定する、こわばった思想や思い込みへの忌避でした。だとすると、レイシズムほど「個人」を否定する思い込みはないわけで、80年代サブカルチャーの申し子である香山リカさんが、このテーマに「本気」になるのは、理の当然なのでしょう。

香山さんの「本気」に励まされて、対談の後は、なんだか高揚した気分で帰りました。

加藤直樹

加藤さんは、あるウェブ媒体で続けている連載の担当編集者だ。いつも原稿が遅れてばかりの私にきつめの催促をするでもなく、ようやく原稿を送るとあたたかいコメントを返してくれる。〝やさしい編集者の加藤さん〟というイメージだった。

だから、『九月、東京の路上に』という本が出たとき、その著者がまさか〝あの加藤さん〟だとは、想像もしていなかった。さらに今だから言うが、対談でお目にかかっても

香山リカ

すぐには記憶がつながらず、彼のほうから自己紹介されて、ようやく「えっ、あの加藤さん！」となったのだ。

ということで、しばらくは頭の混乱をしずめるのがたいへんだったのだが、いつもの穏やかな口調で語られたのは、在日特権デマやそれに基づくヘイトスピーチ、さらにはヘイト本といわれる韓国、中国などを侮蔑した出版物への激しい怒りと状況への哀しみであった。加藤さんの仕事の中でも圧巻は、13年10月1日から143日間にわたる『夕刊フジ』の大見出しの分析だろう。韓国関連バッシングが69日、中国が31日、さらには中韓まとめても13日。日中、企業や役所などで感情を抑えて厳しい労働に従事していた人たちが、帰りの電車でこういったヘイト記事を読み、憎しみをそこにぶつけることで憂さを晴らすのだろうか。あまりに情けない構図である。

対談の後、加藤さんに路上で出会う機会があった。「イスラム国」に捕虜になったふたりの日本人の殺害が明らかになった後の追悼集会で、加藤さんは大量の鎮魂のプラカードを作って持参し、配っていたのだ。「ひとりでやっているのですか」と声をかけると、「そうです」とあの穏やかな口調で短く答え、また配布の作業に戻った。その後ろ姿は、「あたりまえのことをしているだけ」と語っていた。

なぜ、「誰の人権も大切に」というあたりまえのことがあたりまえでない社会になったのか。加藤さんのあたりまえが実現する日はいつなのか。あれからずっと考えている。

対談◎5【水俣病患者支援】

チッソ製品の恩恵を受けた人を当事者だとすると、日本人全員が当事者。だから私たち誰もが遠慮せず、当事者として声を上げていくことが大事なんです。

——永野三智

永野三智

水俣病が公式確認されてほぼ60年。有機水銀で汚染された不知火海、漁民たちが抗議デモを繰り広げたチッソ工場……今では何事もなかったかのように穏やかな海を臨むこの地で、水俣病センター相思社を訪れた香山さん。敷地内にある水俣病歴史考証館の展示に見入った後、永野さんに〝水俣の今〟を聞きました。

香山　「歴史考証館」には戦前からの水俣の生活の写真、水俣病の〝発見〟、そして市民の抗議の資料が並んでいて時間や歴史の重みを感じました。でも同時に、患者さんたちが受けていた偏見や差別を伝える資料もあって、それはまさに〝いま〟水俣でも日本のあちこちでも起きていることなんだ、という気がしました。ここ相思社は、どういう経緯で生まれた施設なのですか？

永野　患者と家族の拠り所をつくろうと、全国の支援者からの寄付で１９７４年に建てられました。背景には患者たちが社会からの厳しい目にさらされてきた現実があります。水俣は、水俣病を引き起こしたチッソの企業城下町です。市民、企業、行政、科学界、マスコミまでもがチッソに味方する孤立無援の状況下で、患者は沈黙を強いられていました。公式確認【※1】から13年後の１９６９年、患者たちは新潟水俣病【※1】の患者に背中を押される形で水俣病第一次訴訟を提訴します。判決を目前にした１９７２年までに四大公害病のうち三つの裁判（新潟水俣病、イタイイタイ

永野三智－ながの・みち
１９８３年熊本県水俣生まれ。17歳での妊娠を機に生命と環境に興味を抱く。２００３年から水俣病訴訟支援や子連れの旅暮らしを経た後、２００８年から水俣病センター相思社に勤務し、患者相談を担当。現在は常務理事。「安心して迷惑をかけあえる社会」を目指す。

病、四日市ぜんそく）が勝訴しており、患者たちは「勝訴した場合、市民からの風当たりが強まる」と考え、判決後の拠り所として「水俣病センター」構想が芽生えたのです。

香山　裁判に勝っても「風当たりが強まる」という懸念から生まれた、それが相思社なのですね。

永野　はい。当初は働く場がない若い患者のためにキノコ工場を併設し、鍼灸治療も行っていたんですが、次第に水俣病未認定患者の訴訟や抗議行動の拠点としての役割を担うようになりました。90年代以降は、まちづくりや水俣病を伝えるといった活動にシフトしています。私は2008年から勤めていて、主に未認定患者の方たちの相談を受けています。

香山　私は、胎児性水俣病を医学的に立証した原田正純先生【※2】の講演や著作を通して水俣病のことを知る機会が多かったんです。神経科医だった先生の講演を聴いてすごく印象的だったのは「患者の生活を知らなければ治療はできない」という言葉。先生はこの地区の漁村に多発していた神経疾患の原因を探るためたくさんの患者の家を回り、魚を主食として大量に食べていたこと、山間部にも魚の行商に通っていたことなどを調べ上げたんです。

永野　私は水俣市袋出月《ふくろでづき》（劇症患者多発地区の一つ）で生まれて今31歳です。近所には劇症型水俣病を生き延びた人や胎児性の患者の人たちが多く、世間に顔をさらして国やチッソに抗議してきた人たちを身近に見ながら育ちました。我が家に遊びに来る胎児性患者の人たちにも可愛がってもらいました。当時も原田さんは近所に来ていましたよ。

複雑化する差別

香山　原田先生は、患者を探し歩く中で、貧しい家の奥のほうに患者とおぼしき人が寝ていたのを見つけることがあったと話していました。差別を恐れて隠されていた患者がたくさんいたことに衝撃を受けたそうです。

永野　患者が出ると白い目で見られる、魚が売れなくなるという理由から、地域で患者隠しがあったと聞いています。小学校低学年の頃は、チッソに勤めていた近所のおばさんから「あの人はニセ患者」だとか、患者家庭への補償金絡みの悪口を聞きました。

香山　そうなんですか。それを聞きながら育ったわけですね。

永野　小学校高学年になると、今度は自分が差別される経験をしました。父の仕事についてタイ

に行った時のことです。ホテルのプールで東京から来たというお兄さん2人と出会いました。遊んでもらっている最中、「どこから来たの？」と聞かれ「水俣から」と答えました。すると「え…うつるんじゃない？」と言った後、突然2人がプールから出て行ったのです。取り残されて唖然としました。その後も似たようなことがある度に「水俣病が悪い」「患者がいるから私までこんな目に遭うんだ」と思っていました。数年前にも水俣の中学生がサッカーの遠征先で「水俣病」「うつる」「汚い、触るな」と言われたという事件が公になりました。これは氷山の一角で毎年同じようなことが続いています。

香山　いまだにそこまで差別意識が残っているとは……。申し訳ないのですが、まったく想像していませんでした。

永野　昔に遡ると、その根が深い理由が分かります。水俣は、水俣病の影響で漁業のまちだと思われていますが、チッソ設立以前は林業や農業が盛んなまちで、漁業のみで生計を立てる人は人口の2〜3％くらいでした。人が住んでいなかった海岸部に離島などから移住してきた漁師たちも多く、彼らは古くからの市民から、住んでいる地域や、よそ者であること、そして職業に関する差別を受け、蔑称で呼ばれたりもしていました。その差別された側の人たちが最初に水俣病患者になった時、さらに差別は広がってしまったのです。

香山　だから患者さんたちは孤立無援だったのですね。

永野　歴史考証館にパネルが展示されているように、1959年、漁民が「チッソの工場排水を中止せよ」とまっとうな要求をした時に、水俣市民からはチッソを潰せないとの思いから「排水の中止を中止せよ」という要望書が出ました。同じ年に漁民がチッソに押しかけて補償要求をした時には、警察に逮捕されているんです。漁民や患者の言葉は届かず、それを報じるマスコミも、企業や御用学者、市民寄りでした。行政もそれを黙認し、結果、有機水銀を含んだ排水は1968年まで海に流され続けました。

香山　すぐにも排水を中止していれば被害の拡大が防げたのに。今、水俣病は世間一般では昭和の高度成長期と共に片が付いた問題という風に思われがちですけど、ここにはいまだに自分も発症したのではないかと相談に訪れる人がいる、こういう現実は知られていないですね。

永野　公式確認直後に原因は有機水銀だと特定されますが、チッソを擁護する学者たちにより否定され、長い間混乱をきたしました。伝染病や、貧しく汚い漁民がなる病気だと誤解したり、「腐った魚を食べてないから水俣病になるはずがない」【※3】と信じ自分とは関係ないと思い込んで生きてきた人が多いのはこのためです。また、差別が怖くて言えなかった、自分の症状と水俣病を結び付けられなかった、チッソに勤めていた、移住して情報が受け取れなかったという人たちが、実はいま、水俣病特有の症状に苦しんでいます。そういった人が相思社に相談に来て、チッソが排出した有機水銀が原因だという事実を初めて知る、ということが日常的にあります。私は彼らに「あなたは水俣病です」とはっきり言いますが、そのとき彼らは愕然とします。そうして初めて、自分が水俣病患者を差別してきたという罪と向き合うんです。

香山　さっき展示されていた嫌がらせのはがきを見てすごく衝撃を受けたんですけど、「ニセ患者」だとか、「なりすまし患者」だと誹謗中傷する人たちがいますね。あれ80年代のはがきでしょう。私が最近、関わっているアイヌの問題でも「なりすましアイヌ」と攻撃する人たちがいるんですよ。

永野　ああ、やはり同じことがアイヌでもあるんですね。水俣病の場合はいくら申請してもなかなか行政に認められないことから、「ニセ患者」という言葉が生まれました。

香山　差別を恐れてアイヌであるとカミングアウトできない人がたくさんいる一方で、勇気を出して名乗り出た人は攻撃されてしまうんです。そんなにお金が入ると思うなら皆さんもどうぞアイヌになってリッチライフをエンジョイしてくださいと、あきれて口にした当事者がいました（笑）。

永野　そう言いたくなりますよね。水俣でも、患者が講演すると「まだ金が欲しいのか」「家でじっとしとればいいのに」と言う市民がいます。「ニセ患者が多くて困る」という言葉が、暮らしの中で普通に出てきます。私が以前勤めていた病院では、「相思社はニセ患者製造所」「患者がいるから町が疲弊していく」「裁判組はチッソを潰す気か？」と言われていました。

香山　永野さんの実感としては、差別は少しずつ解消されてきている気がしますか。

永野　いえ、反対に構造がより複雑になっていると思います。1995年と2009年に政治決着が図られて、そこで新たに8万人近い人が患者だと手を挙げて、水俣市とその周辺では患者の方がマジョリティになりつつあるのに、手を挙げた人自身がそのことを隠し続けているので、状況は変わっていないように思います。95年ごろから、市民と患者の絆を取り戻す「もやい直し」【※4】が始まりましたが、今は市民が次々と患者になって境界線が曖昧になっているので捉え直しが必要です。

香山　それぞれの心の中でも、患者になった自分と折り合いをつける「もやい直し」が必要なのかもしれないですね。

永野　09年の特別措置法で、一定の感覚障害を持つ未認定患者に被害者手帳の交付が決まり、手帳を受給すると医療費が無料になるんですが、病院に知り合いがいる時は手帳を出せないと言う声も聞きます。家族にすら内緒にしている人もいて、「娘には私が（被害者）手帳を持っているって絶対言わないで」と口止めされたこともあります。患者同士ですら「あの人はニセ患者だ」とか陰で言い合ったりして、今は患者になるのも匿名だから何の責任もリスクも負わずに発言ができちゃう。そのあたりはネット右翼と似ていると思います。

香山　差別の構造が何重にもねじれちゃうんですね。

永野　そうなんです。複雑化する要素としてもう一つ大きいのがチッソとの関係です。外から見ると患者とチッソの対立のように見えるんでしょうが、そんなに単純ではありません。水俣市全体がチッソに支えられている感覚に加え、患者家庭にチッソの社員が多いという事情もあるんですよ。患者補償の一環で雇い入れをして、さらに子どもたちも雇って紛争を防ぐということが行われたこともありました。複雑な構造と様々な感情が入り交じって成り立っているのが水俣というマチです。

香山　なるほど。囲い込まれてしまうわけですね。市内では今もチッソの工場群【※5】が稼働中ですし、街で最大のショッピングセンター「水光社」もチッソの関連なんだそうですね。

永野　現在もチッソは液晶部品の世界シェア約4割を占める大企業です。人工2万7000人の町にこんなに大きな病院があるのも、福祉が充実してるのも、バスに安く乗れるのもチッソのおかげだ、と言われてきました。私には中学生の娘がいますが、お母さんたちと進路の話題になると、どうしたら子どもをチッソに就職させられるのかが一番の関心事です。

香山　それもびっくりです。「企業城下町」と言いますが、本当の「城下町」のようです。そもそも永野さんは世界を旅してきたのに、なぜ故郷にもどって水俣病と関わる仕事をしようと決めたのですか？

永野　きっかけは、書道の師、溝口秋生さんの存在でした。溝口先生は母親の患者認定を求めてたった一人で裁判を起こしました【※6】。先生の裁判と出会って、突然水俣病が我が事となりました。自身が受ける差別を患者のせいにしている自分に気が付きました。リスクを伴うのに実名で顔を晒して闘った、そこが私の心を打ったんです。今は匿名で手を挙げるから、誰が患者なのかも分からなくなってきて、起きたことを直視せずに事態が収束していくこと、この「告白のなさ」に私は引っ掛かりを感じます。

福島原発事故との重なり

香山　原田先生の話に戻りますが、先生は水俣病の後に、福岡県の三井三池炭鉱の一酸化炭素中毒の問題にも関わっていて、石炭から石油、石油から原発っていうエネルギーの技術革新の節目や、時代の曲がり角みたいなときにこういった大きな社会問題が起きるとおっしゃっていました。災害や公害病と技術革新はやっぱり大きな関係があって、そういう意味でも水俣の問題は、福島の原発事故と重なる部分が大きいのではないかと思うんですが。

永野　国策という意味では重なっていると感じています。水俣も福島も国の発展のために使われ、多くの犠牲が生まれました。その犠牲に対し、行政を含めた私たち自身が作りあげる「受難と再生のストーリー」があります。

最近ちょっと怖いなと感じているのが、福島の人たちが「環境モデル都市水俣」を見学に来ることです。「水俣は美しく再生されました」「これが福島の未来です」と水俣自体がアピールしちゃう。大きな苦しみを背負ったはずの水俣市民自身が、このストーリーに加担しています。

香山　希望を抱いてもらい、同時に過去を忘却させようとしているのでしょうか。

永野　でも水俣は再生なんかされない。人の体も、自然も、元には戻りません。そのことを経験したと言われる私たちは、その事実こそを知らせなければならないと思うんです。

言葉はきついんですけど、水俣病事件というのは殺害・傷害事件、自然破壊事件ですよ。国や企業が住民をだまして毒を食べさせて惨事を拡大させた。海は破壊されて二度と元には戻らない。

患者担当をしていると、チッソが水銀を流していた当時の子どもたちが今苦しんでいることを目の当たりにします。大人だけではなく、子どもの人権が守られなかったのがこの事件です。国の論理では個人は守られないと証明されたのが水俣です。ではそれを知る私たちは何をするのか？

もっと考えようよ、って、自分にも水俣にも社会にもいらだちを感じています。

香山　現実から目をそらしてはいけないということですね。

永野　3カ月前、水俣病激発地の中学校の生徒たちが考証館で水俣病の歴史を学んだ後、「初めて水俣病が身近になりました」って言うので驚いたことがありました。私は彼らの親たちから水俣病の相談を受けているんですけど、そのことも子どもたちは知らないし知らされない。隣どころか、自分の家の中でも現在進行形で動いていることが、彼らの中で全く過去のことに、他人事になっている。

香山　中学の教科書では、かなり詳しく記述されているそうですが、そうすることで「過去の出来事」になってしまうんでしょうか？

永野　そうかもしれません。もう一つ驚いたのは、外部から水俣に来た高校生たちへのアンケート結果。150人中3分の2が「経済成長の中で水俣病が起きたことは仕方なかった」「条件付きで仕方なかった」と答えている。「患者の人たちには同情ではなくて感謝をしなくてはならない」「自分たちの今の暮らしのために病気になってくれた」というような書き方だったんです。

香山　人柱みたいな発想なんですね。被害者は気の毒だけど感謝すべきというか。繁栄のためには一定の割合の犠牲は必要不可欠なんだっていう考えですよね。

永野　そういうことですよね。アンケート結果を知ったとき、とっさに特攻隊を思い浮かべました。通じるところがあるなと思って。これは子どもたちの問題ではなくて、社会全体が戦争に向かって歩いて行っているのではないかと、そんな印象を受けました。

香山　小林よしのり氏の『戦争論』には、特攻隊の人たちは「公（おおやけ）」のために死んで靖国神社に奉られた。戦後日本人は「私（わたくし）」ばかりを追求しようとしてきた結果、こんな社会になってしまって、もっと「公」を大事にすべきだと。

永野　それは逆ですよ、逆。

香山　自民党の第二次改憲草案なんかにもまさに、人権は勝手に天から降ってくるものじゃない、自己犠牲的に公のために尽くす人にこそ与えられるみたいな物言いが随所にありますよね。高校生たちはそういう空気とリンクしてるのかな。だからといって、じゃあ自分も犠牲になっていいかっていうと、それは嫌だと言うと思いますけど。

永野　そうそう。今の社会って、モノを言う被害者に対しての扱いは冷たいですよね。健気に黙って恩恵に感謝していればいいんだ、というような。私たちが今推進して便利に使ってるモノから公害は生まれているわけです。決して水俣だけの問題じゃなくて、日本中とか世界中の問題なんだよね、そして企業や行政だけではなく、動員された私自身の問題なんだよねって語りかけているんです。

香山　３・11以降の福島にも通じますね。

永野　似てますよね。原発事故が起きた後「あ、電気使ってる私も当事者なんだ」って思って、そのうちに自分は水俣病でも当事者だったんだと気づいたんです。それまでは患者が当事者で、自分は一支援者みたいな気持ちでいたんです。でも、発生当時チッソは日本のプラスチック可塑剤の8割を生産していて、他にも化学肥料や化学繊維など、日本の化学産業の歴史はチッソの歴史とまで言われているんです。チッソ製品を使ったり、間接的にも恩恵を受けた人を当事者だとすると、日本人全員が当事者と言えるんじゃないでしょうか。だから私たち誰もが遠慮せず、当事者として声を上げていくことが大事なんです。患者を含む当事者が諦めずに声を上げ続けたからこそ社会や国の施策が徐々に変わってきたわけですから。

香山　そうですね。今日お話を聞いて、水俣病は終わっていないということがよく分かりました。相思社は反発も受けているそうですが、つらくなることはありませんか？　私はアイヌ差別で発言すると「寝た子を起こすな」とよく攻撃されるんです。アイヌたちは静かに差別に耐えていて、それでよかったのに、お前が騒ぐことで逆に注目を集めて余計に差別される。「差別の再生産」でアイヌも迷惑しているんだと言われて本当に嫌な気持ちで、発言をやめたくなる時もあるんですよ。

永野　これまでわりと生きづらさに突き当たりながら生きてきました。なぜ生きづらいのかと考えると、自らが原因である部分ももちろんありますが、大きいのは社会的弱者や少数者への社会の無関心や冷たさだと思うんです。声を上げられない状況に追い込まれていく。あるとき生きづらさがピークになって、小さな娘を抱いてヒッチハイクで日本と海外を放浪し始めたんです。同じような思いを抱えた人たちと出会う中で、心がほどけて、声を上げなければこの社会は変わらないと感じたんです。誰もが安心して迷惑をかけあえる社会というのが私の理想の社会です。自立することとか迷惑をかけないことが美徳とされるのではなく、苦しい時は遠慮せず「助けて」「変わっていこう」と声を上げていいんだ、だって苦しくない人には分からないんだから、と思うようになって。当時の出会いから、私はあまり常識を信じていないんです。そんなものはすぐに変わっていくものだけど、自分というものは根は変わらない。何を言われても自分は正しいと信じられるんです。

香山　ほんとうにいろんな経験をされた後に水俣に戻っていらしたんですね。

永野　水俣病を伝えることは、私たちの「今」を考えることだと思っています。誰もが当事者として自分と重ね合わせて考えられるよう、これからも水俣病事件で起きていることを投げかけていき、歴史を伝えていきたいです。

【脚注】
※1　水俣病が公式確認された1956（昭和31）年から9年後の1965（昭和40）年、新潟県の阿賀野川流

域で同様の症状の患者が公式確認された。昭和電工によるメチル水銀の廃液が原因で第二水俣病とも呼ばれ、被害者たちは1967（昭和42）年、水俣病より早く第1次訴訟を起こした。水俣病、イタイイタイ病、四日市ぜんそくと合わせて日本の四大公害病と呼ばれる。

※2 熊本大大学院医学研究科で水俣病の病因究明に取り組み、「胎盤は毒物を通さない」という当時の医学的常識をくつがえし、胎児性水俣病を立証した。現場に足を運び患者の側に立った医療を実践、水俣病をはじめとする公害病の現状を訴える活動を続けた。2012年、77歳で死去。

※3 熊本大学研究班が1959年に「水俣病の原因は有機水銀が有力」と発表した後、チッソの関与を否定する研究結果を公表する学者が相次いだ。東邦大学・戸木田菊次教授が唱えた、魚の腐敗に伴って生じる化学物質アミンが原因だとする「腐敗アミン説」、清浦雷作・東京工業大学教授の「有毒アミン説」など。

※4 「もやい（舫い）」は船をつなぐこと。水俣病によって差別や対立が生じた水俣市民、患者、行政の心の垣根を取り払おうという行政の取り組み。

※5 チッソは2011年3月、子会社JNCに全ての営利事業を譲渡し、分社化した。チッソは、水俣病補償業務に特化した会社として存続しているが、今も地元ではJNCでなくチッソという呼び方が普通。

※6 溝口秋生さんの母チエさんは1974年、熊本県に水俣病患者認定を申請、認定に必要な検診が終わらないまま3年後に死去したが、県はカルテを収集せず、申請は21年放置された後に「公的資料がない」と棄

却された。溝口さんは2001年と2005年にチエさんの棄却処分取り消し、患者認定を求めて2件の訴訟を起こした。一審の熊本地裁では溝口さんが敗訴したが、2012年福岡高裁がチエさんを水俣病と認める逆転判決を下し、2013年、最高裁で勝訴が確定した。

対談を終えて

初めて香山さんと会ったのは、５月のよく晴れた日。湯堂の自然海岸沿いの竹林を歩いてきた香山さんは想像よりずっと小さい人だった。挨拶を交わすときの大きな笑顔が忘れられない。

香山さんとの対談で見えてきたものは、複雑でわかりにくいもやもやとした現実と、体制側が作り出す単純でわかりやすく感動的な物語との隔たりだった。

たくさんのことを話したが、まず印象に残ったのは香山さんとアイヌの人たちとのやり取りだ。アイヌ問題に関して香山さんが発言をしたときに、応援していたつもりのアイヌの人に「寝た子を起こ

すな」と言われた、という話を聞きながら、「受難の被差別民族」という印象として、ある意味聖化している私自身に気が付いた。遠くから見た、「聖人化された水俣病患者の姿」と現実とのギャップのようなものを思い出した。

対談をしたのが2015年5月、いまが同年8月。たった3カ月の中で、香山さんが「住民に希望を抱かせ、同時に過去を忘却させていく」と言っていたことが、もっと具体的に進んでいる。

水俣からは子どもたちの代表団がこの数年、福島へ行き、「福島の食材は日本一安全」と学んで帰ってきている。大人たちの間で「福島の魚や野菜を積極的に給食に使っていこう」という声があがる。意識してかせずか、こうやって福島も水俣も終わらせようという身勝手な大人たちが作った美談に、子どもたちが利用されている。

水俣病事件が起きた1956年。私たちはほとんどの事実を隠され、だまされ、毒を与えられ、そして病を抱いた。しかし私たちは何も学ばなかった。その結果が、原発事故であり、事故がもたらした被害との向かい合い方である。水俣病事件の、その延長線上に、私たちは生きていて、同じことが繰り返されている。

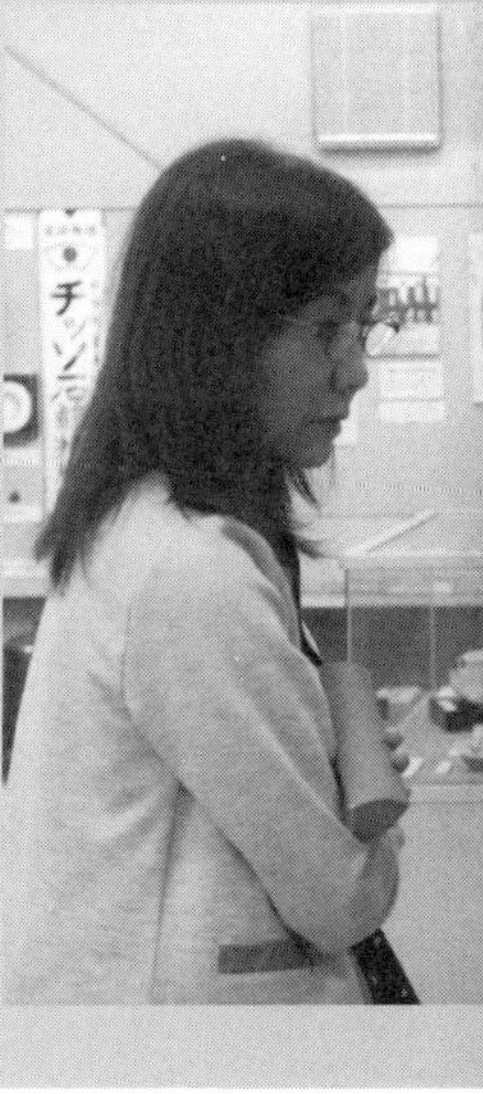

水俣病が伝える人権とは、差別や偏見だけではない。命が奪われ、身体が奪われ、そして騙され、人として扱われなかったことだ。

私は、寝た子を起こし続けたいと思う。

永野三智

香山リカ

水俣への旅は、私にとって個人的にも精神科医という仕事を続ける上でも、とても大きな意味を持つものとなった。太陽、海、夜の町、昼の町、食べたもの、聞いた話、すべてがくっきりと心に残っている。そのことはいずれじっくり書いてみたいが、印象的な旅の中心にいるのは、もちろん永野三智さんだった。

写真を見てもらえばわかるが、永野さんはきゃしゃで短いキュロットがよく似合う、女子大学生のような女性。「え、この人が本当に水俣病の患者さんたちのハードな相談に乗るの？」と一瞬、目を疑った。しかし、魅力的な笑顔の後ろから出てくる言葉は、どれも明快かつ論理的でなんと重みを持ったものであることか。よく「水俣病は終わっていない」と言われるが、相談を通して経験した彼女だからこそ語ることができるエピソードなどから、私は本当の意味でこの「終わっていない」の意味がわかった気がした。

　そして、水俣の外部から水俣に対して、水俣の内部でも認定患者ではない人から患者さんに対して、さらには患者さんどうしでも、幾重にも断裂、亀裂が生じていて、そこには必ずと言ってよいほど「差別の構造」ができ上がることも知った。これはまるごと、いま日本のあちこちで起きていることと同じだ。すべては〝地続き〟だったのだ。

「在日差別、原発避難者差別などが問題になっているけれど、これの原型はすでに70年代、水俣にあったんですよ」と旅から帰ってから〝にわか知識〟をいろいろな人に話すと、一様に驚きの反応が返ってくる。そのたびに私は、だから永野さんが必要なのだ、と再認識している。そう、彼女は水俣にとって必要な人であると同時に、この日本社会全体にとって必要な人なのだ。

　また会いたい。たくさん語りたい。ひとりで、大切な友人を誘って、何度でもまた水俣にも行きたい。そう思っている。

対談◎6【いじめとレイシズム】

〝もう一つの物語〟を子どもたちと読み開いて、新しい視点を見つけていくことが「学び」であり、それを通してこそ市民的道徳が実を結んでいくと思うんです。

――渡辺雅之

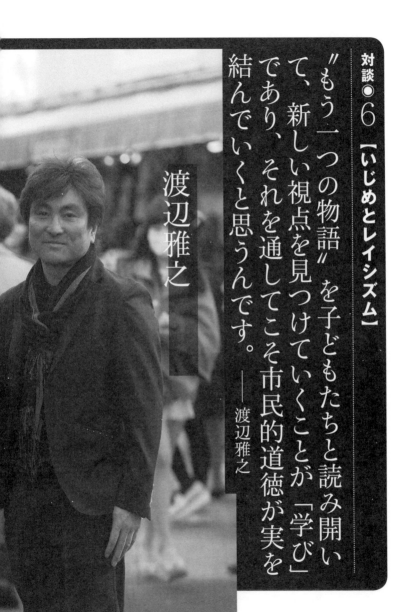

茶髪にサングラスで、一見教師には見えないおしゃれな渡辺さん。手に持ったバッグには「ANTI FASIST（反ファシスト）」という大きなステッカーが。生徒への熱血指導で知られる渡辺さんが、ヘイトデモに立ち向かって考えたこととは？

渡辺雅之―わたなべ・まさゆき
1957年福島県生まれ。埼玉県公立中学校で22年間勤務。立教大学兼任講師などを経て、現在は青山学院女子短大兼任講師。専門は道徳教育論など。著書に『いじめ・レイシズムを乗り越える「道徳」教育』（高文研）がある。

香山　渡辺さんは昨年『いじめ・レイシズムを乗り越える「道徳」教育』（高文研）という著書で「いじめとレイシズムは実は似通っている」というお考えを書かれています。最初にレイシズムという問題に目を向けたのはいつごろからだったんですか。

渡辺　本格的に取り組むようになったのは2013年の2月頃ですね。韓国に「ナヌムの家」という元従軍慰安婦のおばあさんたちが暮らす施設があるんですけど、そこに日本の「桜乱舞流（スクランブル）」という排外主義を主張するバンドが自作のCDを送り付けた（彼らは送付を否定しているようですが）というニュースを知ったんです。で、曲を聞いてみたら「売春ババア殺せ　チョン斬れ！」だとかもう、口にするのもおぞましいような内容。僕はアマチュアバンドもやっているので音楽をこんなふうに悪用するのかと強い憤りを感じました。それで調べていくうちにヘイトデモ、ヘイトスピーチが広がっていることが分かって、1人でカウンターとしてヘイトデモの現場に行くようになったんです。

香山 誰かに誘われたのでなくて1人でヘイトデモの現場へ行かれたんですか。

渡辺 はい。最初はびっくりしました、北斗の拳みたいなビスをつけた革ジャン姿や刺青の人たちがずらっといて。「やっぱレイシストは怖いな……」と思っていたら実はカウンターの人たちだった（笑）。で、現場に行くうちに、山口祐二郎さん（現・憂国我道会）、高橋直輝さんら反差別集団「男組」の人たちとだんだん顔見知りになって、いつのまにかメンバーに入れられまして。実は僕、男組の元言論担当なんです。男組の出す声明文とか抗議文とか、最近はほとんど僕が書いてました。だからクオリティは割りと高いですよ（笑）。

香山 そうなんですか！　教員の経験がそこでも生きてる。一方のいじめについてですが、長く教育現場にいらっしゃって、いじめが蔓延していると実感したのはいつごろですか？

渡辺 20年以上前から本格化してきましたね。僕が中学校の教師になったのはもっと以前の1980年頃で、当時は校内暴力が全国で吹き荒れていました。生徒たちが鉄パイプ持って他校の不良グループとにらみ合ってると聞いて、新米教師の僕が現場に駆け付けたこともありましたよ。そしたら番長から「この場は俺が収めっから先生は帰っていいよ、な？」って諭されたり（笑）。校内設備が壊されたり教師が殴られたり、そんな時代でした。そこで文部省（現・文科省）が強い生徒指導体制（今で言うゼロトレランス方式）を推し進め、校内暴力は次第に沈静化していき、入れ替わるようにいじめや不登校が深刻化してきたという流れです。

香山　生徒指導の研究をされていたそうですが、どんな指導をしていたんですか。

渡辺　いじめは校内暴力と違って見えにくい。殴るとかよりも、陰口や「外し《ハズ》」が主だから。ヒソヒソされて次第に避けられていく。「外し」をやられてる子に近寄った子も外されるから、みんな離れていく。標的になった子は孤独に耐えられず不登校になっちゃう。どちらが加害者、被害者か見極めるのが難しいケースも多く、個別に呼んで話を突き合わせてからケアしていましたね。そして学級内で子どもたちが討論して解決できるように指導してきました。

――渡辺さんの実践例を元にドラマ「3年B組金八先生」シリーズの脚本が作られたこともあったそうですね。

渡辺　はい、あれはロールプレイやクラス討論を通して解決していく実践だったんですけど、でも今の時代はいじめの構造が複雑だったりプライバシーの問題があったりで「話し合い」による解決は難しい。先生たちはお手上げ状態だと思いますよ。

昔はね、僕なんか荒れている子たちをラーメン屋とかバイクレース場に連れて行ったり、そんなこともよくしましたけど今は難しいでしょうね。以前は子どもたちの関係性や家庭状況がよく見えたんです。彼らとは今も仲良くて、毎年我が家でバーベキューするんですよ。みんな30過ぎですけど仕事を頑張っていて、グアムに自動車部品の店を出したり、配管設備会社の社長をやってたり。聞くと、高校中退して家でふてくされていたら、近所のおじさんが「ぶらぶらしてんじゃねえ、うちでバイトしろ」って水道屋の仕事を教えてくれて、独り立ちできたとか。そんな風に学校文化からドロップアウトしても地域に受け止められて救われた子も多かったんですね。

香山　なるほど。「大人が体を張れば分かってくれる」ような時代状況があったんですね。

レイシズムといじめの共通点

香山　そのように教育現場でのいじめと路上でのカウンター活動双方に関わった経験から、レイシズムの問題といじめに共通点があると考えておられるわけですね。

渡辺　そうです。構造は非常に似ている。ヘイトスピーチの要素は基本的には三つです。一つ目は、変えられない出自や属性に対して向けられる。二つ目に、攻撃は必ずマジョリティ（多数派）からマイノリティ（少数派）に向けられる。三つ目は、「沈黙効果」と言いますけど、攻撃された当事者は容易には反撃できない。基本的には非対称の関係性と言えます。

香山　なるほど似ていますね。私はいじめの被害を受けているお子さんたちを診察したことがありますけど、今ってターゲットにされる理由が分からないですよね。ある日突然「あいつ何だかムカつくよね」と始まって、周りの子たちが「そうそう」って同調して。

渡辺　その瞬間、少数派に転落してしまうわけですよね。攻撃の材料は、「声が嫌」だとか何でもいい。レイシストと同じで、自分の不満のはけ口なんですよね。差別したりいじめること自体が目的化しているという。

香山　憂さ晴らしなんでしょうか？　いじめるためのいじめだとすると、最終的にどうなればその子たちはすっきりするんですか。

渡辺　うーん。やっぱり友だち集団の中で、自分が認められているという実感を得ることでしょうね。自分は決していじめられないっていう安心感が欲しいんだと思いますよ。

香山　ネトウヨの場合はみんな、仲間とつながりたいという意識がありますよね。ネットの書き込みに次々と「そうだそうだ」って言ってくるじゃないですか。彼らにとってはこんなに仲間がいて分かち合えるんだって、すごく心強いんじゃないかな。

渡辺　そう、だから過激になる。彼らは実は結構、ある意味「真面目」なんですよ。彼らなりの正義感があってそれゆえにとても「マメ」にやっている。「韓国からあんなに反日的なことも言われて何で黙ってるの？」という憤りとかね。完全に間違った認識とはいえ、彼らなりに社会を良くしたいと思っているんですよ。しかも過激にやればやるほど仲間から賛同されて気持ちが満たされる。大阪の鶴橋で「在日クソチョンコの皆さん、調子に乗っとったら鶴橋大虐殺を実行しますよ」と街宣した女子中学生の親は「右翼」活動でもよく知られた人物です。親を含めた周りの大人の話を素直に信じて、ほめられたくてしたことだったと思います。

香山　ネトウヨになるきっかけはちょっとしたことらしいです。例えば日韓ワールドカップの時のラフプレーを観て「あれ、韓国ってなんかずるいんじゃない」とネットをのぞいて、どんどんリンクをたどっていって嫌韓サイトに行き着く。ネットでは「韓国」とかで検索すると「在日特権」の方に行くルートができているから、そっち側にどんどん行ってしまう人が多いんじゃないですかね。

渡辺　そこでおかしいと気づくためには視点の置き方がすごく大事だと思っています。彼らは「韓国人って○○だよね」っていうステレオタイプな見方でしか物事を見られない。ワールドカップでは韓国内でもラフプレーを批判する人がたくさんいたはずなのにね。

視点を変えると世の中の見え方ががらっと変わることがよく分かる例が、２０１３年の新聞広告クリエイティブコンテストで最優秀賞となった「めでたし、めでたし？」という広告です（上イラスト）。子鬼が「ボクのおとうさんは、桃太郎というやつに殺されました」と泣いている。こういう風に視点を置き変えて〝もう一つの物語〟を見開いていく力がとても大切なんだけど、日本の学校教育はその力を削ぐ方向で来てしまったんじゃないかな。

香山　それはどういう風に？

渡辺　「決まりだから守りなさい」みたいな押し付けの生徒指導や管理体制は得てしてそういうものです。他には、例えば僕は道徳教育を研究していますが、「手品師」という有名な物語があります。

　あるところに、腕はいいがとても貧しい手品師がいた。彼が町で出会った小さな男の子は、「お母さんが働きに出て帰ってこない」としょんぼりしていた。彼が手品を見せると子どもはすごく喜んだので明日も来ると約束した。その夜、友人から「明日、おまえが大劇場に出演できるチャンスがある。今晩すぐに出発すれば間に合う」と電話があり、手品師は自分の夢をかなえるべきか迷ったが、男の子との約束を守った――という話です。

香山　道徳の教科書に載っているんですか。

渡辺　これは小学校5、6年生向けの教材で、教えるべき徳目が「誠実」で、手品師は約束を守った誠実な人物だと教える。でも子どもたちからは、「その子どもを大劇場に連れていけばよかったじゃないか」とか「ほかの手品師に頼めばいい」という意見が出ても、指導書を見ると、それはだめという答えなんです。功利主義的なことを言うべきではないと書いてある。もう吐き気がして（笑）。

香山　考えさせるよりも、答えがあらかじめ決まっているんですね。

渡辺　はい。教師の意図を汲み取って「僕も自分のことは我慢しても約束を守る人になりたいと思います」と子どもが答えると「よくできたね」となる。

２０１８年から小学校を皮切りに道徳が教科化されることになっていますが、問題は大きく二つあって、一つは今言った徳目主義。「誠実」とか「愛国心」という決まった徳目を子どもに注入する。もう一つは心理主義。世の中で起きている問題や貧困などはその人の心の持ち方が問題なのであって、心の持ち方を変えれば解決するという考え方です。

香山　社会のありようが問題ではないと。

渡辺　そうです。例えば手品師の話でも、ひとりぼっちの子どもを世話してあげる大人や社会はないのか、とか考えていけば面白いと思うんだけど、そこは一切問わない。〝もう一つの物語〟を子どもたちと読み開いて、一緒に新しい視点を見つけていくことが「学び」であり、それを通してこそ市民的道徳が子どもの中に実を結んでいくと思うんですけどね。

レイシストにどう向かい合うか

渡辺　香山さんが前にブログで「レイシストとやりとりすることの意味と空しさ」と書いてましたよね。僕もツイッターでたまにやりとりしているんですが、ある人がサッカーの試合で韓国チームのサポーターが掲げた「日本の大地震をお祝いします」という横断幕の画像を送り付けてきた。で、僕は「日本に在特会があるように、韓国にも反日を叫ぶ人はいるでしょうね」って返したんです。「日本を助けよう」と掲げた韓国の商店街の写真を貼り付けて。そしたら返信が来て、今度は「韓国の小学生のアンケートで1番嫌いな国は日本」っていうデータを貼り付けてきた。彼らは議論や交流をしようとは全く考えていない。僕らが呼びかけても、「反日」「売国奴」と返ってくるだけ。香山さんの言う「空しさ」を実感しましたね。

香山　生まれながらにレイシストだった人はいないので、彼らがそうなるプロセスは何かあったんだろうとは思うんです。だけど「あなたたちもほんとは傷ついてるんでしょ」と彼らの気持ちに寄り添い過ぎるのも戦略的に良くないんじゃないかと私は思っていて。有無を言わさず「ダメなものはダメ」って言うことも必要なのかなと。

渡辺 リアルレイシストにはそれでいくしかないと思いますね。「差別はやめましょう。ストレスがおありでしょうが……」とか面倒臭いこと言ってる場合じゃなくて、当事者のことを考えたら、ヘイトデモが行われている路上においては、男組がやったように「ふざけんじゃねえぞコラ、帰れ！」でいいこともあると思います。

香山 いじめはどうですか、根っからのいじめっ子っていますか？

渡辺 いないです。僕、何千人と接してきたけど、そういう子はいない。いじめは思想ではなく関係性の問題だから、それを組み替える努力をしていけば変わります。先ほど言ったリアルレイ

シストも、それを支える層の人たちも変わる可能性はあると思っています。時間はかかるし、全員が「変わる」とは言えませんが。だから彼らの土台を突き動かす働きかけとして、路上でのカウンター行動などでレイシストをしばく（叱る）面と、講演、様々な抗議アクションなどで社会全体に働きかける側面の両方が必要だと思います。本質的には「教育」の成果に待つべきことなんですよね。そういう流れの中で、男組は解散しました。これまで一定の成果を挙げてきたし、今後は社会への働きかけに重きを置こうと高橋直輝（当時・組長）さんが決意したわけです。もちろん必要な時はいつでも路上に「非暴力・超圧力」で再結集するつもりですけど。

香山 私も「解散式」なるイベントに行きましたが、みんな「あるところまではやりきった」という充実感と、「でもこれからが戦いだ」とそれぞれが自分のフィールドで先を見据えている緊張感とにあふれた場でしたね。

渡辺 実は僕はヘイトスピーチが根絶できるとはあまり思えないんです。人間は誰でも、心の中にもやもやしたダークな部分があるんですね。それが発露していじめっ子やレイシストになってしまう人もいる。「問題を撲滅しよう――いじめゼロ、ヘイトゼロ」という発想の方が逆に危ういと感じるんです。だから社会が多様であることのひとつの逆説的な証明としてレイシストが出ちゃうのは、許すこととは違いますけど、ある意味仕方ないんだと僕は考えています。法規制の是非とも関連しますが、処罰欲求だけが先行してしまうと危ないなという気もします。大事なのは、彼らに公道を闊歩するような力（パワー）を持たせないように社会的に包囲して、パワーレス（無力化）にすることですね。

――今、いじめに直面している子どもたちにアドバイスはありますか？

渡辺 まずいじめられてる子には、「君は悪くないよ」って言いたい。自分を責めたりひがむ必要はないよって。一番の問題は、新自由主義的な自己責任論がこの社会を支配してること。全部自分のせいだって追い詰められるから苦しいわけですよね。だから、「闘え、もしくは逃げろ。逃げることも闘いだよ」と言いたい。いじめてる子には、ケースにもよりますけど「なんで君いじめてるの？理由があるんでしょ、それを自分の心に聞いてごらん」と言うかな。

――傍観者には？

渡辺 「気持ち分かるよ、見て見ぬふりしないとやばいよね。でも無理しなくていいからできることを何か一つでも考えてやってみな」って言いたいです。そばで見ている子どもたちの多くは何かしたいとは思ってるんですよ。でも自分がやっても事態は解決しないどころかかえって悪くなるかもしれないという無力感があるから行動できないことが多いんです。そんな子どもたちを励ましていきたいですね。

香山 ヘイトスピーチにも通用するお言葉ですね。抗議する勇気はなくても何かはできると。

言うまでもなくヒューマンライツの対極にあるものは戦争である。対談を終えてから政府与党が提出した「戦争法案（ぼくはこう呼んでいるし、なんと言われようとこの呼び名が正しい）」が衆議院で強行採決された。それに反対する声が日本のあちこちで起き、かつてないウネリ――毎週金曜日のＳＥＡＬＤｓの若者たちによる国会前抗議行動など――が起きている。それらはネトウヨや冷笑主義者による心ないバッシングによっても消すことが出来ないこの国の「希望《ひかり》」でもある。

そして、この間はっきりしたことがある。法案を支持している人たちの多くがヒューマンライツを軽視、いや敵視していることだ。「戦争に行きたくないなんて、自分中心、利己的個人主義だ」と言った議員がいた。「奨学金返済を滞納したものには、防衛省（自衛隊）のインターンシップをやらせれば良い」という人が学生支援機構（奨学金貸付け機関）の運営委員になった。中学の教科書には「人は一つの国家に属さないと人間にもなれない」（曽野綾子）というコラムが載った。ふん！　利己的個人主義で大いに結構（そもそも利己主義と個人主義を一緒にすんな！）。人間は個人が基本だ。個人よりも国家が優先されるなんてそんな時代に戻されてたまるか。

また彼らは憎悪とも言える隣国への敵意と不信をむき出しにする。政府与党は中国と北朝鮮を仮想敵国として、ことさらに危機を煽り、軍事バランス（抑止力）のためには「国民の自由や権利が制限されても仕方ない」と言い、「ウヨク」的な人たちがそれを盲目的に支持する。法案に熱烈な支持を表明し賛成デモなどを行っている人の多くは、ありもしない在日特権の廃止を叫び、「朝鮮人を叩きだせ」と叫ぶレイシスト（差別主義者）であることも私たちは知った。

これら恐ろしいまでの符合が意味することは何なのか。この本のテーマはまさにそこだ。原稿を書いている時点で、戦争法案がどうなるかはまだ分からない。しかし、「民主主義は未完のプロジェクト」であり、ヒューマンライツもまた同様であることを私たちは既に知っている。結果はどうあれ、歩き続けること、子どもや若者の声に耳を傾け、未来の世代に希望のバトンを渡すこと。それが私たちのミッション（生きる意味）なのだろう。

希望はないのではない。見つけることができないだけだ。目を凝らせ。見えなければ耳を澄ませ。それでも見つからない時があるかもしれない。しかし、それを探そうとしているキミの中にすでに希望はあるのだ。

渡辺雅之

香山リカ

からだを張って長年、「不登校」や「いじめ」の問題に取り組んできた渡辺先生。ヘイトスピーチデモのカウンター活動に参加したり、大学で講師を務めたりもしているという。その八面六臂の活躍ぶりを聞きながら、対談の時点では心の片隅で「ホントにそんなことができるのかな」とひそかに疑問を感じていたことをいま、告白しよう。しかし、その後、私は「渡辺さんの言ってたことは全部、本当だったんだ」と実感することになる。

それは2015年の夏の最大のできごと、安全保障関連法案に抗議する学生たちの団体SEALDsデモが主に行われた国会前においてであった。7月以降、私も所属している立教大学の学生たちといっしょに何

度も足を運んだのだが、行くと必ず渡辺さんに会った。しかも、渡辺さんはデモの中心にいるのではなく、あるときは「救護」の、あるときは「給水」の車のそばで、またあるときは横断歩道の真ん中で、デモに参加する人々の世話をしたり交通整理をしたり、とさまざまな裏方の仕事をこなしていたのだ。

SEALDsの学生たちも「渡辺先生」への信頼は厚いようで、その姿を見つけて駆け寄って笑顔で話している人もいた。渡辺さんはそういう学生たちに対して、「おお、○○くん。からだはもう大丈夫か。ムリすんなよ」などとそれぞれの事情をこまやかに把握しつつ、明るく励ましの声をかけているのだった。ある意味で、この夏のデモの本当の立役者のひとり、それが渡辺さんと言ってもよいのではないか。

こんな風に、子どもや若者のことを本当に考え、彼らの自主性を大切にしながら、見守っている人がいる。私も大学で、そして診察室で子どもや若者にかかわる機会も少なくないが、どこか彼らを「指導しよう」とは思っていなかっただろうか。

人混みで「前の人を押さないでね」とあのデモの人ごみの中、スピーチの学生や学者のステージから遠く離れたところで黙々と交通整理に従事していた渡辺さんの顔を、私は絶対に忘れないだろう。

対談◎7【世界の人権状況】

「国際法？ 知るか」みたいなね（笑）。
それは日本だけじゃないです。
だけど、なぜ今のような国際法ができた
のかをぜひ知ってほしいですね。

——土井香苗

弁護士として国内の難民支援に力を注ぎ、現在は世界的なＮＧＯで活躍する土井さん。国際的な視野を持つ土井さんの目に、今の日本の人権状況はどう映っているのでしょうか。

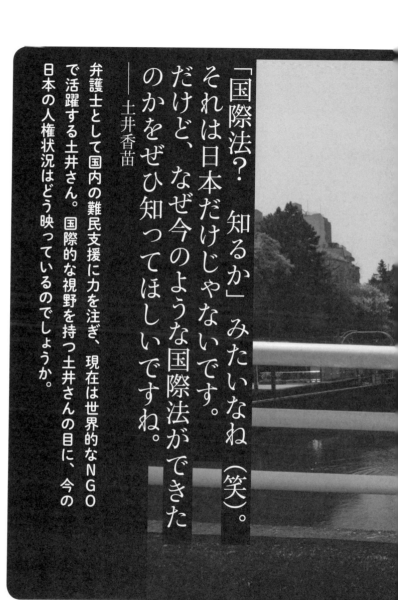

土井香苗―どい・かなえ
1975年神奈川県生まれ。東大法学部卒。在学中に司法試験に合格し、2000年に弁護士登録。2009年、ヒューマンライツウォッチ東京オフィス開設とともに日本代表に就任。主な著書に『〝ようこそ〟と言える日本へ』（岩波書店）がある。

香山　まずは土井さんが日本代表を務めていらっしゃるヒューマン・ライツ・ウォッチ（HRW）の話からお聞きしたいのですが。

土井　HRWは1978年にニューヨークで設立された、世界中の重大な人権問題と取り組むNGO（非政府組織）です。1997年には、対人地雷禁止条約の成立に貢献したとして、他の団体と共同でノーベル平和賞を受賞しています。

香山　日本ではあまり知られていませんが、世界的に有名な団体なんですね。

土井　はい、世界約90カ国で人権状況をウォッチしています。基盤にしているのは国際法。人権侵害や弾圧があれば調査結果を発信して、反対する国際的な世論を喚起し、政府を動かしていく――という活動をしています。分かりやすく言うと人権の総合商社みたいな感じですね（笑）。

香山　日本のオフィスができて今年で6年目ということですが、成果はどうですか？

土井　前進があったと言えるのではないかなと思ってます。日本政府が国際的なリーダーシップを発揮して、２０１３年に国連に北朝鮮人権調査委員会が設置され、金正恩含む北朝鮮政府高官に対する「人道に対する罪」の責任追及の動きが始まったのは、われわれが北朝鮮での人権弾圧の証拠を集め、日本政府に働きかけた結果なんです。日本は人権的リーダーシップはとったことがなかったので、この前例を破ったという意味でも大きな進歩だったと思っています。

施設の子どもたちに家庭を

香山　なるほど。それで今、日本オフィスで力を入れているのが養育施設で育つ子どもたちの人権問題ということですが。

土井　はい、「社会的養護に置かれた子どもの人権」です。日本では、子どもたちが施設で育つことが人権問題だとは全く思われていないですよね。でも、国連の「子どもの権利条約」前文と第20条には、自分の親と暮らせなくなった時でも子どもには家族を持つ権利・家庭で育つ権利があると書いてあり、施設収容するのは最終手段なのです。日本で親と暮らせていない子どもは約4万人で、多くは親のネグレクト（育児放棄）などが理由です。そのうち養子や里子として迎えられた子はすごく少なくて、9割近くが施設収容なんです。この収容率の高さは世界で抜きん出ているんです。通常、いわゆる先進国だと大体5割以下。オーストラリアは日本と逆で9割くらいが家庭に引き取られています。

香山　日本の現状は世界的に見ると異常なんですね。埼玉県に「光の子どもの家」という児童養護施設があって、そこに何年間も密着して撮ったドキュメンタリー映画【※1】があるんですが、ごらんになりました？

土井　ええ観ました。あそこは国内ではおそらく最も良い施設ですね。

香山　「光の子どもの家」は、普通の施設と違って職員が住み込みで、それぞれ担当する数人の子どもたちと「○○家」と名乗って家族のように暮らすんですよね。でもやはり限界があって、燃え尽き状態になってしまう職員もいる。

土井　あの映画で一番心が痛かったのは、担当職員が替わる場面ですね。子どもはその人をずっ

叫んで……。

と、お母さんみたいに思ってるんですよね。でもある日配置替えになっちゃって、その子が泣き叫んで……。

香山 だからあの施設はすばらしいけど、課題が無いわけではないなと思ったんです。いくら家族みたいにといっても、一生家族づきあいはできない。いつか終わるものなのに家族の幻想を抱かせるのは、私は逆に残酷な気がして。

土井 どんなに頑張ってもやっぱり施設は施設なんです。無理すると職員の労働者としての権利が無視されたりとか、幻想はどこかで崩れてしまう。問題なのは、日本では「実の親と暮らせない子どもは施設に行くしかない」と思われている現状です。

香山 養子や里子にできる制度はありますよね。

土井 はい。永続的な家庭としては養子縁組が一番良いんですね。でも日本の行政は全然やらない。養子を迎え入れたいカップルは日本でもすごく多いんですけど、その人たちにつなげることをしない。里親制度は養子縁組とは違って、基本的に面倒を見るのは一時的で長くても18歳までなんですけど、そこにも送らない。私たちは2年ほど調査をして報告書を出して、国会議員や厚労省を回ったり、いろんなNGOと一緒に世論を喚起しているんです。まずは「子どもに家庭を保障するのは国家の義務であり、それを今怠っているのは子どもの基本的な人権の侵害だ」というところを認識してもらうことから始めています。

香山　私は子どもがいないので、実は里親になろうかなと考えたこともあったんです。でも、ハードルがけっこう高くて。私が40代後半で考え始めた時には、すでに年齢などいろいろ制約があって。実際に引き取った方々の体験発表にも行ったりしたんです。

土井　わあ、かなり真剣に考えていらっしゃったんですね。

香山　でも、体験発表した方は「大変さをちゃんと分かってからやってください」と脅しみたいな感じで話すんです。もちろん結論は「今は幸せ」という話なんだけど、でも中には失敗して、関係を解消した方もいるとか。それに夫婦どちらかが日中家庭にいないとだめだとか、いろいろとハードルがあるんですよね。

土井　日本には諸外国のように里親を支援する仕組みがないんですよ。子どもをぽんと預けたら「はいさよならー」っていう感じで。やはり中には虐待されトラウマを抱えて対処が難しいお子さんもいますから、普通の里親でも育てていけるよう支援する仕組みが諸外国にはある。それが日本にはないので、脅しのように体験を語らざるを得ないわけです。

望まない妊娠で生まれてきた赤ちゃんを生後すぐに養父母とつなぐ「赤ちゃん養子縁組」の場合はそういう問題がなくすごくうまくいっているのですが、ほとんどの都道府県で実施していない。なので、赤ちゃんをわざわざ1年とか2年とか乳児院に入れて、その間に愛情不足で愛着障害になってしまうケースもあるんです。

香山　なぜ養子縁組や里親制度が進まないんでしょうか？　昔は日本でも養子を迎えることは珍しくありませんでしたよね。

土井　戦後の日本の政策として、施設に送るというやり方で来てしまったんですよね。なぜならそれが楽だから。いちいち養父母や里親とマッチングするのは時間がかかり、責任も生まれますし、担当する児童相談所はそれでなくても忙しいですから。施設に送っておけば誰も文句を言わない。もちろん子どもには発言権がない。施設側も、子どもが来ないと予算が下りないので施設を守るために子どもを受け入れたい。そして実の親も、自分は育てられないけど他人に愛着を持たれたくないという親心がある。大人の都合が一致しているので、子どもにとって何がベストかというのが二の次三の次、四の次くらいになってしまっているんです。

香山　子どもが家庭で育つべきだと、子どもの権利条約という国際法で規定されていることを知らない人が多いと思いますが、国際法は、日本の法律よりも上にあるわけですよね。

土井　法律よりは上ですが、憲法よりは下ですね。政府は、憲法でさえそうなんですけど、都合の悪いものは無視するのが基本姿勢なので、国際法は一定の歯止めにしかならない。本当の歯止めにするには、やっぱり世論がついていかないと。とはいえ、日本の裁判所では子どもの権利条約を使って賠償請求できる可能性はないわけではないと思います。

世界から見た日本の人権状況

香山　日本の法律より上なのに守られないとは……、同じ国際法である人種差別撤廃条約もそういう扱いなんですよ。ニコニコ動画に在特会の有料チャンネルが開設されているので、カウンターたちがドワンゴの川上量生会長に「人種差別撤廃条約でもヘイトスピーチは禁止されている」と抗議したのですが、川上さんは「日本の法律で決まったらやめますよ」と繰り返し、なかなか議論がかみ合わなかったことがあります（※注　対談後の2015年5月に同チャンネルは閉鎖された）。

――2014年12月の最高裁決定では、人種差別撤廃条約を根拠に、ヘイトスピーチをされた朝鮮学校への損害賠償が認められましたね。

土井　国際法ではヘイトスピーチを禁じる一方で表現の自由もあると書いてあり、そこをどうやって調整するか細かくは条約には書いてないんです。日本の法律になれば細かく書かれるのである程度は日本の行政にとっても指針になると思いますが、そこが難しいところです。

香山　それに、国際法だと適用される範囲が世界中ってなっちゃうから、そうすると逆に、「こんなもの守ってる国がどこにあるんだよ」って言われたりするんです。

土井　「国際法？　知るか」みたいなね（笑）。それは日本だけじゃないです。だけど、なぜ今のような国際法ができたのかをぜひ知ってほしいですね。第二次世界大戦前は、人権というのは国内問題で国際社会は干渉しないという認識だったんです。その結果ナチスのホロコーストが起きてしまったことへの反省から、「人権侵害は内政不干渉の例外である」との認識が広がって、人種差別撤廃条約ができ、子どものための条約ができ、女性のための条約ができ…と、すばらしい展開でどんどんできてきたわけなんです。

香山　なるほど。少数者、弱者の権利もどんどん認められる方向なんですね。

土井　だけど、国内の法律と違ってそれを執行する裁判所などの仕組みがないんですよ。なので我々みたいなＮＧＯが国際法の番人として、世界中の政府に文句をつけている。あらゆる手を使って国内世論を形成したり国際的なプレッシャーを掛けたりしているんです。

香山　世論形成ですごく難しいなと思うのは、私がアイヌのことで、国連先住民族決議を日本も批准したことを主張すると、「国連を錦の御旗にしてる」とか「上から目線だ」とか反発が強いん

ですよ。国連からヘイトスピーチの法規制を勧告された時にも、ツイッターで「国連人権委はサヨク」と書いた元衆議院議員がいて、それに「戦前のように勇気を持って国連脱退すべきだ」と賛同する人たちもいて驚きました。

土井　残念ですね。ただそれは世界的に見ると非常によくある現象です。アンチ国連の大キャンペーンをしている国もありますから。例えばスリランカの前大統領は徹底的な反国連で、国連のオフィスを包囲して「出てけー」と叫ぶデモを、政府が旗振りしてやっていました。政府軍とタミル少数民族の過激派組織との内戦で何万人もの民間人死者が出ており、国際社会が前大統領の責任追及しようという構えなので。

香山　すごくざっくりした質問ですけど、日本社会における人権っていうのは、国際的な基準で言えばどんなレベルにあるんですか。

土井　世界に今193の国連加盟国があるという中でランキングをつけるとすると、上位に入ることは間違いないですね。さすがに世界には、北朝鮮のような独裁国もたくさんあって、真に民主主義的な選挙で選ばれてる政権のほうが少ないくらいじゃないですか。だけど、やっぱりトップの人権国ではないですよね。トップの北欧諸国は政府の意識が高く、人権問題の解決を使命のように思っていて国際的にも活躍してます。日本は自国と関係ないところで人権問題を解決することは基本絶対やらないですから。

香山　どういうところが弱いですか、日本は。

土井　簡単に言うと、日本は制度が足りない。政府が人権保障をするという制度をあまりつくっておらず積極性も足りない。「ヘイトスピーチはダメ」というメッセージも足りないですし。じゃあ何で上位に入るかといったら、民間の強さだと思います。水俣病患者も部落解放同盟の人も下から国を突き上げてそれなりの制度ができてきた。あとメディアもそれなりにしっかり機能していて、社会問題の自浄システムが働いています。

香山　私が、ヘイトにさらされている人たちの人権について話をするだけで「おまえは人権屋だ」と言う人たちがいるんです。騒ぎ立てて飯の種にしていると。人権という言葉への世の中のアレルギーは感じないですか？

土井　うーん……私もＨＲＷに入る前は、そういう声に敏感だったんですけれども、国際的にもっとひどい状況を山の様に見てきて、図太くなりました（笑）。要するに、どんな国でも人権活動家っていうのはそういう声にさらされていて、もう宿命なのかなと。日本はそれでもまだ一般人から言われているだけ。公安当局や国家から言われる国もあって、そういう国では本当に、命の危険があるんです。

香山　危険といえば、私最近本当に子どもがいなくてよかったなと思うことが多いんです。ツイッターとかで、実家とか親の名前とか勝手にさらされたりするんですよ。もしこれで私に子どもがいて元朝日新聞記者の植村隆さんみたいに子どもの写真をさらされちゃったら、口をつぐんでしまうかもしれないなと思うほどです。

土井　それはひどいですね。

香山　嫌韓・嫌中本があふれ返り、ヘイトスピーチデモもあり、日本の人権問題が良い方向に向かっているとはとても思えないんですけど、どうですか。

土井　右肩上がりの経済成長がなくなり、社会の閉塞感への国民の不満がマグマみたいに溜まっているると思うんですよね。そこに嫌中嫌韓を促進するような発言など、火に油を注ぐような部分が現政権の中にあって、ヘイトや慰安婦といった問題が増幅している気がします。でもまだ大多数の日本人は日韓関係を良くしたいという考えだと思いますよ。

香山　ではあまり悲観はしていないですか。

土井　鳥瞰図的に世界を見渡すと本当にひどいヘイトスピーチが横行している国はあるので、「日本はダメだ」と絶望したりはしません。だけどやっぱり日本もナショナリスティックな国の仲間入りをしてきたなとは感じています。今こそ民間の力の見せ所ですよね。

【脚注】
※1　「隣る人」２０１１　監督：刀川和也

対談を終えて

香山さんとお話したあと、子どもの社会的養護について事態が進行しはじめています。具体的には、家族と暮らすことができない子どもに関する施策を決めている「児童福祉法」の法改正に向けた手続きが2015年夏から始まったことです。塩崎厚労大臣の肝いりで審議会が立ちあがり、急ピッチで審議を進めています。これまでの施設偏重型の施策から、実親支援・里親・養子縁組制度を推進する方向への転換の大きなチャンスです。

私たちも、子どもが「家族と暮らす権利」を保障する内容になるよう、さらに働きかけたいと思っています。

この話題については、乞うご期待といえると思います。

日本の人権状況は、対談の中でも申し上げたとおり、世界的にみると「まあまあよい方」だと思います。人権保障に向けた政府のリーダーシップは残念ながら強くないのですが、市民社会は民主的で成熟しており、これまで人権問題解決の原動力となってきました。市民社会から人権問題を解決するためのムーブメントが過去何度となく起こり、そして今この瞬間も起こり続けています。そして、新聞などのメディアも司法も、政府からの独立性がかなり高いので、市民社会の運動を支える人権保障のシステムとして効果的に機能してきたと言えるのではないでしょうか。

この夏、安全保障法案に対してNOを突きつける若者を中心にする市民が立ち上がり大きなムーブメントを作り、これを社会が受容していく過程を見ても、日本の市民社会の未来には期待が持てると改めて思いました。

日本の市民社会の先人たちが人権問題を解決する「システム」をしっかり機能させるべく様々な試行錯誤を繰り返してきて下さいました。しかしそのシステムも放置していてはだめで、個人個人がしっかり使っていくことが、問題解決のためには必要です。

このシステムにより多くの若者に参画してほしいというのが私の長年の問題意識でした。

年配の人だけでなく、より多くの若者がこのシステムの中で声をあげるようになれば、日本社会の中の様々な問題はより効果的に解決されていくでしょう。

残念ながら、人権問題がゼロになる日は来ないかもしれません。人権問題の加害者が政府であることも多くあるでしょう。しかし、人権保障の健全なシステムと主体的に動く若い人びとがいれば、そうした問題もひとつひとつ解決していけるのではないでしょうか。

もちろん、私も市民の一員ですので、さらにがんばっていかなければと思っていますが、日本の市民社会への期待はより深まりましたし、みんなで「がんばろうね」と思っています。

土井香苗

香山リカ

国際NGOヒューマン・ライツ・ウォッチ日本代表の土井香苗さんとの対話は、ともすれば〝いま〟そして〝ここ〟だけに向かいがちな私の目線を、ググッといったん上に向けてくれた気がする。それは、単に「世界を見なさい。外国で起きている人権侵害の問題にも目を向けなさい」という意味ではない。

たとえば日本で人権侵害問題が起きたとして、土井さんたちが調査を行うときの大きなよりどころとするのは何か。それは、冒頭であえて「国際ＮＧＯ」と記したことからもわかるように、「国際法」なのである。

国連で世界人権宣言が採択されたのは１９４８年だが、その後、国際人権規約、女性差別撤廃条約、子どもの権利条約などが作られ、日本も批准している。「条約や国際法は「国内の法律に優先するが、各国の憲法よりは劣る」と考えられているそうだが、逆に言えば憲法に反しない限りにおいては、私たちは国際法に従って人権に関する義務を守らなければならない、ということになるのだ。

私もふだん憲法や法律は意識していても、この「国際法」を意識する機会はほとんどなく、これが国内法より優先されるとは、恥ずかしながら知らなかった。そしてこれで考えると、子どもの人権、レイシズムに基づく差別の問題など、答えがおのずとはっきり見

えてくることがたくさんある。それも土井さんとの対話の中で知ったことだった。

とはいえ、実際には何でも簡単に「国際法ではこうなっている」という一元論で片付く話ではない。日本の現実との〝すり合わせ〟も必要になるだろう。ただ、「かくあるべき」という理想を定められれば、巷に横行している〝どっちもどっち〟といった悪しき相対主義をはねのけることもできそう。「国際法」は人権を語る上での強い味方になる。明るい未来への期待、世界から見た日本の希望を語る土井さんの明るい口調に、「日本の人権はどうなるんだ」と暗くなりがちだった私の心も晴れわたっていくようだった。

「人権をめぐる旅」のブック＆サイトガイド

アイヌについて知る

アイヌ民族否定論に抗する

マーク・ウィンチェスター、岡和田晃・編著／河出書房新社　１９００円＋税

１９７９年生まれのマーク・ウィンチェスターと、１９８１年生まれの岡和田晃が共同で編集し、「アイヌ民族否定論」に真っ向からいどむ一冊。編者のほか池澤夏樹、上村英明ら24人による論考が収録されている。香山リカの「アイヌ差別に抗して」、青木陽子の「札幌におけるカウンター行動と金子市議への議員辞職勧告決議をもとめる署名活動」も収録。

アイヌ学入門

瀬川拓郎・著／講談社現代新書　８４０円＋税

元王朝はアイヌと戦争し、中尊寺金色堂の金はアイヌがもたらした——平和的でエコロジカルな民族というステレオタイプを打ち破り、「海のノマド」としてのアイヌを描いた一冊。２０１５年の古代歴史文化賞（奈良県などが主催）の大賞を受賞したことも話題になった。

レイシズムのなにが問題かを知る

九月、東京の路上で

加藤直樹・著／ころから　1800円＋税

レイシズムの本質を「非人間化」にあること、その行き着く先にはジェノサイド（大量虐殺）があることを、1923年の関東大震災時における朝鮮人虐殺から描き出した。地震の発生から、デマの流布、そして自警団などによる虐殺事件を過去の資料をもとに「感じる」ように描写して、この手の本としては異例の大ヒット作となった。

いじめ・レイシズムを乗り越える「道徳」教育

渡辺雅之・著／高文研　1500円＋税

公立中学で20年以上の教員歴をもつ著者が、ヘイトスピーチとそれに抗する人々と接するなかで実践的に感じたいじめとレイシズムの共通点を語る。そして、教科化されようとする「道徳」教育をつかって、それらを乗り越えることを提案する一冊。「いじめ」をキーワードに真の道徳教育のあり方も提示する。

人種差別撤廃法案

http://www.sangiin.go.jp/japanese/joho1/kousei/gian/189/pdf/t071890071890.pdf

超党派の議員によって2015年に国会へ提出された「人種等を理由とする差別の撤廃のための施策の推進に関する法律案」は、ヘイトスピーチを禁止する法律ではない。これは、日本も批准する国連人種差別撤廃条約に従って整備すべき国内法の法案。第一条の「目的」では、「人種等を理由とする差別の防止に関し国及び地方公共団体の責務、基本的施策その他の基本となる事項を定め」「人種等を理由とする差別の撤廃のための施策を総合的かつ一体的に推進すること」としている。

ヘイトスピーチの実態を知る

ルポ京都朝鮮学校襲撃事件

中村一成・著／岩波書店　1800円＋税

2009年、授業中の京都朝鮮第一初級学校（小学校に相当）に「在特会」メンバーが押しかけ、あらん限りのヘイトスピーチを続けた事件を、丹念に追ったルポ。裁判所は、国連条約に違反するとして1200万円の賠償を被告に命じた。それは、ひとつの「救い」であったが、生徒たち、その保護者が抱えた「傷」が癒えることはない。ヘイトスピーチがどのように人と社会を壊すかを知るには最適の一冊。

ヘイト・スピーチとは何か

師岡康子・著／岩波新書　760円＋税

弁護士の著者が「ヘイトスピーチとは何か」から解説し、ドイツやイギリスなどが法規制を導入した背景を丁寧に描く。また、米国の事例からヘイトスピーチではなく差別そのものを禁止する形を紹介。また表現の自由の本質を明らかにしつつ、一刻も早い法整備を訴える。「ヘイトスピーチはダメだけど、表現の自由も大切…」という人にこそ、読まれるべき一冊。

カウンター、ANTIFAを知る

アンチ・ヘイトダイアローグ

中沢けい・著／人文書院　1800円＋税

2010年ごろから都内各地でヘイトデモが繰り広げられ、2013年初頭から本格化した「カウンター行動」。初期よりカウンターのために路上に立ち、ヘイトスピーチに抗議してきた著者が、作家、学者、弁護士ら8人と「アンチ・ヘイト」をテーマに語り合った対談集。「どっちもどっち論」に陥らず、旗幟鮮明にした一冊。

奴らを通すな！　ヘイトスピーチへのクロスカウンター

山口祐二郎・著／ころから　1200円＋税

在特会の結成と時期を同じくして新右翼団体に入り、反米を主張して防衛省に火焔瓶を投げ込んだ著者による「俺が反差別運動をやらなかった記録と、やってきた記録」。著者視点で語られる本書の3分の2以上は「やらなかった」記録で、カウンター前史を知るには最適だ。

ANTIFA　ヘイトスピーチとの闘い　路上の記録

秋山理央・写真／朴順梨・文／鹿砦社　1800円＋税

新語・流行語大賞のトップテンに「ヘイトスピーチ」が選出された2013年から現在まで続く「カウンター行動」を追った写真集。そこからは、ヘイトデモの醜悪さとともに、SEALDsの行動へとつながる「非暴力直接行動」の原理が生まれたことが明らかにされる。写真を通して自己とヘイトデモを語る朴順梨の文章からは、在日コリアンとして、また日本社会の一員としての憤りが伝わる。

水俣を知る

水俣病は終わっていない

原田正純・著／岩波新書　760円＋税

熊本大学医学部の医師でもあった著者の『水俣病』（1972年刊）の続編ともいえる一冊で、その歴史的な解説と、患者側が勝訴した水俣病裁判のその後が描かれる。患者を支援する相思社についても言及し、「終わっていない」ことを伝える。この本が刊行されたのが1985年で、すでに30年が経過するが、やはり「終わっていない」という現実がのしかかる。

苦海浄土

石牟礼道子・著／講談社文庫など

水俣の対岸、現在の天草市に生まれ、水俣で半生を過ごした著者による記録文学の金字塔。第1回の大宅壮一ノンフィクション賞を受賞したが、著者は、これをノンフィクションであるとは言っておらず、受賞も辞退。しかし、そこにあるのは、まぎれもない「文明病」の告発であり、記録し、伝えることの執念だ。物語ることの「定型」を打破した一冊でもある。

家庭で育つ権利を知る

夢がもてない　日本における社会的養護下の子どもたち

ヒューマンライツウォッチ日本・編著

https://www.hrw.org/node/256544

日本には約4万人の子どもたちが社会的な養護を必要としている。その大半は施設において養護され、里親委託（家庭養護）は全体の12％ほどで、オーストラリア（93・5％）、米国（77％）と比べても非常に低い割合となっている。これらの実態を弁護士の猿田佐世らが調査し、国や地方自治体に改善を促すのが本報告書だ。「家庭で育つ権利」の確立のために、看過することのできないレポートとなっている。

部落差別を知る

被差別部落の青春

角岡伸彦・著／講談社文庫　571円＋税

100人以上の被差別部落に住む人、出身者に取材したルポルタージュ。自身も「ムラ（被差別部落）」育ちの著者が、告発調でもなく、また社会学的観察調でもなく、日常に見え隠れする差別を描く。初版刊行から15年を経るが、さまざまな意味で「古びない」一冊だ。

ヒューマンライツ

人権をめぐる旅へ

2015年12月10日初版発行
定価1500円＋税

著者
香山リカ
マーク・ウィンチェスター
青木陽子
小林健治
加藤直樹
永野三智
渡辺雅之
土井香苗

パブリッシャー　木瀬貴吉
装丁　安藤順
写真　岩本慶三、内田和稔、岡本裕志
編集協力　魚住みゆき
発行　ころから
〒115-0045
東京都北区赤羽1-19-7-603
TEL 03-5939-7950
FAX 03-5939-7951
MAIL office@korocolor.com
HP http://korocolor.com
ISBN 978-4-907239-16-9　C0036

香山リカ（かやま・りか）
1960年北海道生まれ。東京医科大学卒業。精神科医のかたわら立教大学現代心理学部教授を務める。『若者の法則』（岩波新書）、『しがみつかない生き方』（幻冬舎新書）など100冊以上の著書がある。「香山リカのココロの万華鏡」（毎日新聞ほか）、「常識を疑え！」（情報・知識辞典・imidas）など連載多数。

ころからの本

ヘイトスピーチの源泉と行く末を知る

ナショナリズムの誘惑

（木村元彦、園子温、安田浩一）

B6判／160ページ／1400円＋税／978-4-907239-02-2

読売新聞などで書評

ヘイトスピーチに抗う歴史ノンフィクション

九月、東京の路上で

1923年関東大震災ジェノサイドの残響

（加藤直樹）

A5変形／216ページ／全2色刷り／1800円＋税／978-4-907239-05-3

好評4刷

元ホスト、新右翼青年の反差別行動ルポ

奴らを通すな！

ヘイトスピーチへのクロスカウンター

（山口祐二郎）

B6判／160ページ／1200円＋税／978-4-907239-04-6

「ヘイト本」を溢れさせているのは誰か？

NOヘイト！

（ヘイトスピーチと排外主義に加担しない出版関係者の会・編）

新書判／144ページ／900円＋税／978-4-907239-10-7

好評2刷

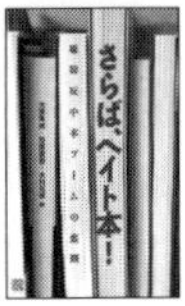

ヘイト出版社とヘイト本を徹底検証

さらば、ヘイト本！

嫌韓反中本ブームを蘇らせないために

（木村元彦、大泉実成、加藤直樹）

新書判／144ページ／900円＋税／978-4-907239-14-5

ころからの本は、すべての書店・ネット書店で購入できます。また全国約1500書店とは直取引契約（トランスビュー代行）がありますので、取り寄せ注文すれば最速翌日に書店に届きます。お気軽にご注文ください。

※直取引書店一覧→ http://korocolor.com/recommendshop.html